Chantal Zheng

Mythen des alten China

Aus dem Französischen von
Frank Fiedeler

Eugen Diederichs Verlag

Die Originalausgabe erschien unter dem Titel
Mythes et croyances du monde chinois primitif
bei Editions Payot, Paris

CIP-Titelaufnahme der Deutschen Bibliothek

Zheng, Chantal:
Mythen des alten China / Chantal Zheng. Aus d. Franz. von Frank Fiedeler. – München : Diederichs, 1990
(Diederichs Gelbe Reihe ; 87 : China)
Einheitssacht.: Mythes et croyances du monde chinois primitif <dt.>
ISBN 3-424-01021-9
NE: GT

Umschlaggestaltung: Zembsch' Werkstatt, München
Lektorat: Hanna Moog
Produktion: Tillmann Roeder, München
Gesamtherstellung: Friedrich Pustet, Regensburg

ISBN 3-424-01021-9

Printed in Germany

Inhalt

Anhang

Einführung

Sobald der Mensch unter dem Eindruck der Unberechenbarkeit der Erscheinungen die Welt mit übernatürlichen, teils furchteinflößenden Wesen bevölkert hatte, empfand er die Notwendigkeit, sich mit ihnen zu arrangieren, um nicht von ihnen vernichtet zu werden. Er begriff, daß der beste Weg darin bestand, sich mit einigen dieser Mächte zu verbünden und sich so ihrer Hilfe zu versichern.[1] Der Mensch war seiner natürlichen Umwelt in ihrer ganzen Vielfalt, in ihren Gegensätzen und rhythmischen Erscheinungen wie Tag und Nacht, Kälte und Wärme, und dem Kreislauf der Jahreszeiten ausgeliefert.[2]

So steht am Anfang der Kultur eine auf die Natur bezogene Haltung des Menschen, die sich in der Ehrerbietung vor den kosmischen Manifestationen ausdrückt – den Flüssen, den Sternen, den Tieren – und, in einer zweiten, animistischen Phase, in dem Glauben an Geister, an Genien, Seelen und Gottheiten, die darin wohnen, an heilige Mächte, die über die Materie herrschen.

In einem nächsten Schritt galt es, die Art der Beziehung zwischen diesen Geistern und dem Menschen festzulegen. Aus der Angst, Ehrfurcht und Hoffnung, die der Mensch ihnen gegenüber empfand, entstand das Ritual oder der Kult; denn der frühe Mensch, der in der Furcht lebte, die segensreichen Kräfte, die ihn umgaben, könnten erlöschen, schuf sich rasch eine Abfolge von Ritualen, von Gebeten und Danksagungen zu Ehren der Gottheiten, die ihm geholfen hatten, oder deren Wohlwollen er zu gewinnen hoffte.[3]

Alle diese von einer noch keimhaften Religion geregelten Rituale waren darauf gerichtet, den Gang des Universums aufrechtzuerhalten. Dies geschah dadurch, daß man den Vorgang seiner Erschaffung immer aufs Neue und – um ihm mehr Kraft zu verleihen – in regelmäßigen Abständen wiederinszenierte.

Das System der primitiven Glaubensvorstellungen ist eng verbunden mit dem Mythos, dessen Funktion darin besteht, einen gemeinsamen Bewußtseinsstand der Gruppe aufrechtzuerhalten. Der Mythos drückt ein Ereignis aus, das am Anfang der Zeit stattgefunden hat. Er bildet auf diese Weise ein archetypisches Muster für alle zukünftigen Handlungen der Gruppe.

Angesichts der Unfaßbarkeit der natürlichen Erscheinungen bieten die Glaubensinhalte und Kulte dem Menschen eine Form, seine Existenz zu definieren und zu regeln. Dabei geht er ganz selbstverständlich davon aus, daß sein Dasein nicht vom Zufall abhängt, sondern daß es Teil einer kosmischen Ordnung ist, in der dem Menschen vorbestimmte Funktionen bei der ewigen Erneuerung des Kosmos zukommen.

Selbst wenn der Mythos im Laufe der Zeit zu Legende und Aberglauben absinkt, verliert er doch nie seine Struktur und seine Wirksamkeit.[4]

Man könnte so weit gehen zu sagen, daß es keinen Rauch ohne Feuer gibt und der Mythos zweifellos auf irgendein ursprüngliches Ereignis oder Ereignisfragment zurückgeht. In diesem Fall besitzt er nicht nur den zweitrangigen Wert, den ihm Robertson Smith zuspricht, der im Mythos nur einen einfachen Kommentar zum Ritual sieht.[5]

Mythen, Dogmen und die aus ihnen abgeleiteten Riten und Zeremonien bilden die Religion und bestimmen die Dynamik der Gruppe, denn sie formen ein Gebäude traditioneller Praktiken, denen jedes Mitglied zustimmt und sich anpaßt.

Vom sozialen Standpunkt betrachtet bedeutet die religiöse Praxis ein Festhalten an einer bestimmten Anzahl von Konventionen. Damit wird sie zu einer Begleiterscheinung der kollektiven Kräfte. So ist es auch zu erklären, daß die Beziehungen, die man zu den Göttern unterhält, von derselben Art sind wie jene, die man zu seinen Eltern und Mitmenschen hat. Es gibt keine Trennung zwischen der religiösen Sphäre und der Sphäre des gewöhnlichen Lebens. Daher läßt sich keine Religion ohne die zugehörige Gesellschaft erforschen. Die Strukturen der einen erklären die Strukturen der anderen. Ihr Wechselverhältnis läßt ihre jeweilige Besonderheit hervortreten, während ihre Gemeinsamkeiten die Tradition der Gruppe begründen. Da die Gewohnheit das Überleben des Stammes sichert, ist die Tradition für die menschliche Gattung biologisch unverzichtbar. Um zu verstehen, wie sich diese Tradition entwikkelt hat, empfiehlt es sich, ihre Begleitumstände zu untersuchen und zu definieren.[6]

Es ist nun an der Zeit zu definieren, was wir unter primitiver Religion verstehen. Dabei übernehmen wir hier die Sichtweise Emile Durkheims, der darin die einfachste uns bekannte Form von Religion sieht. Sie kennt keinen Vorläufer, sie ist das erste Glied in der Kette. Aber ehe wir zu beschreiben versuchen, wie die chinesische Kultur und das chinesische Denken sich entwickeln konnten, um zu dem zu werden, was wir in heute davon kennen, soll der zeitliche Rahmen dieses Unternehmens abgesteckt werden.

Als äußerste Grenze des chinesischen Altertums nehmen wir annäherungsweise das 2. Jahrtausend vor unserer Zeitrechnung an, was der Periode der Shang (1765–1122 v. Chr.) entspricht. Ihre Existenz ist belegt durch zahlreiche archäologische Funde, wie man sie seit etwa fünfzig Jahren in ganz China gemacht hat, und durch die reiche, in zahlreichen Grabstätten gefundene Inschriftenliteratur auf Bronzen, Schildkrötenpanzern und Rinderknochen.

Indessen sind diese Fundstücke, die oft Orakelzwecken gedient haben, in ihrer Thematik begrenzt, und sie gestatten es nicht, die Geschichte der Dynastie systematisch zu rekonstruieren.

Hingegen liefern die in ihrer Datierung freilich nicht immer gesicherten philosophischen Texte, die Ritenbücher und die verschiedenen Enzyklopädien eine Fülle von Informationen über die Geschichte dieser Epoche.

Außerdem werden wir uns aufgrund einer äußerst reichen mythologischen Literatur, die Anspielungen auf die Xia-Dynastie (2207–1766 v. Chr.) enthält, gewisse Ausflüge in eine legendäre Vergangenheit gestatten, die von der Archäologie bisher noch nicht bestätigt werden konnte.

Wenn China auch erst mit der Dynastie der Shang, über deren Ursprünge wenig bekannt ist, in die offizielle Geschichte eintritt, so dürfen wir darüber doch seine ferne Vergangenheit nicht vernachlässigen, wie sie uns in den Legenden und Mythen und nicht zuletzt in der Kunst entgegentritt.

Der chinesische Mythos und seine Darstellungen mögen ein »Reflex der Sozialstruktur« oder »eine Ableitung der wirklichen aber verdrängten Gefühle«[7] oder gar ein nachträglicher Kommentar zum Ritual sein, aber sie sind doch ein wertvoller Hinweis auf die Art des archaischen Denkens. Und wenn man sie auch vorsichtig interpretieren muß, so begibt man sich doch nicht der Möglichkeiten, sie überhaupt auszuschöpfen.

Als späteste Grenze nehmen wir das Jahr 221 v. Chr. an. Es kennzeichnet eine entscheidende politische und philosophische Wende am Vorabend der Einigung des chinesischen Reiches durch Kaiser Qin Shi Huangdi und wird gemeinhin von der historiographischen Tradition als der Endpunkt des chinesischen Altertums angenommen.[8]

Um das Leben und die Anschauungen der frühen Bewohner der chinesischen Welt zu verstehen, benötigen wir vorweg eine allgemeine Vorstellung von der Umgebung und dem geographischen Rahmen, in dem sie sich entwickelten. Wir müssen uns klarmachen, daß das Territorium aufgrund seiner Weiträumigkeit äußerst unterschiedliche Bedingungen aufweist. Dies gilt sowohl in geologischer wie auch in klimatischer Hinsicht. Diese Unterschiede haben eine entscheidende Rolle bei der anfänglichen Entwicklung der

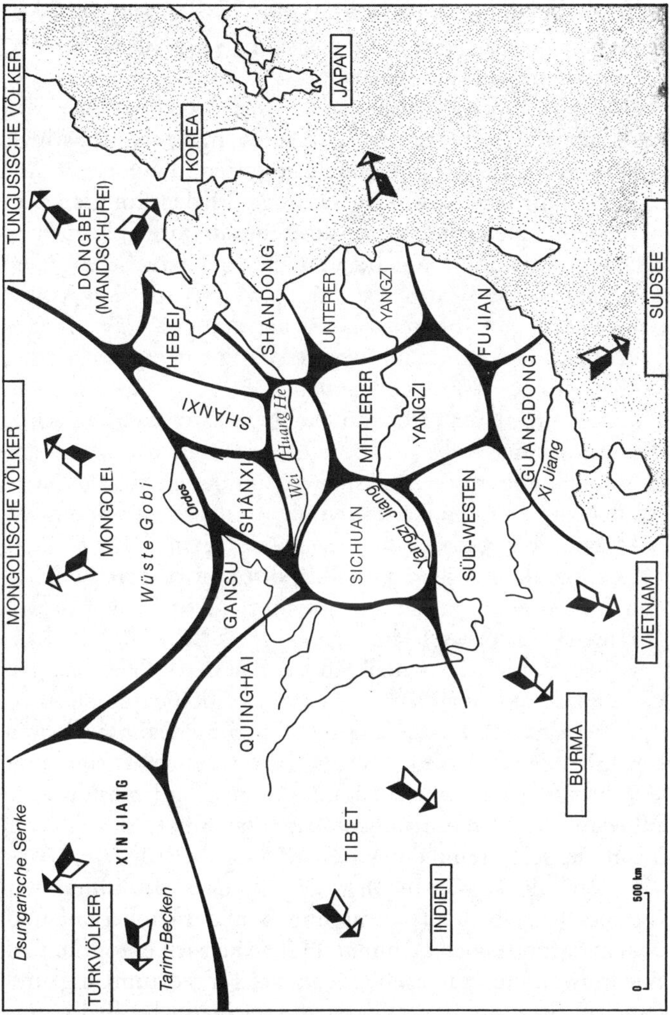

Karte 1. Der chinesische Raum

Kultur gespielt, indem sie eine sehr klare Gliederung begünstigten, was wiederum die Existenz so zahlreicher Ursprungsgesellschaften erklärt.

Die chinesische Landschaft stellt sich als eine riesige, von mehr als 5000 Metern im Westen auf weniger als 1000 Meter im Osten abfallende Treppe dar, die sich in einer unendlichen Vielfalt von Landschaftsstufen entfaltet. Im Osten an den Pazifik grenzend beginnt die chinesische Welt mit den Inseln Taiwan und Hainan; sie bilden einen Teil jener Kette von pazifischen Inseln, die den ganzen asiatischen Kontinent bis zu den Sunda-Inseln umsäumen. Taiwan oder Formosa, »Die Schöne«, wie sie die Portugiesen nannten, wird im Osten von einer langen Bergkette abgeschlossen. Hierher flüchteten die von einer massiven chinesischen Auswanderungswelle im 17. Jahrhundert verdrängten Eingeborenenvölker der »Gaoshan«-(»Hohes Gebirge«)Gruppe, doch hat es – wie die Archäologie belegt – vor dieser Zeit noch andere gegeben.

Die Gaoshan, eines von 54 Minoritätenvölkern im heutigen China, gehören zur Gruppe der Austronesier.

Die gebirgige Insel Hainan ist die Zuflucht der Li- (aus der Gruppe der Tai-kadai) und der Miao-Völker (aus der Gruppe der Miao-Yao).

Die höchste Stufe der Treppe bildet im Westen das tibetische Hochland, dessen Fläche siebenmal so groß ist wie die Frankreichs. Es ist im Süden durch den Himalaya, im Norden durch die Kunlun-Berge begrenzt, die es vom Tarim-Becken trennen.

Jenseits des Tarim-Beckens, im Nordwesten, umrahmen die Tianshan-Berge (himmlische Berge) mit Gipfeln von drei- bis fünftausend Metern Höhe die Senke von Turfan, den tiefsten Punkt Chinas, der von Mongolen und Turkvölkern bewohnt ist. Und noch weiter im Norden haben wir das große Becken der Dsungarei, wo sich, nach Norden hin durch die Altai-Berge begrenzt, Oasen mit ausgedehnten Wüsten abwechseln.

Solche Barrieren gibt es aber nicht nur nach Westen und Nordwesten. Im Norden, jenseits der großen Mauer, die in etwa die Grenze bildet, war es die China überragende mongolische Hochebene (die autonome Region der inneren Mongolei), die jahrhundertelang das Herrschaftsgebiet von nomadischen, Pelztiere jagenden und Pferde züchtenden Völkern bildete. Sie besteht aus Wüsten und Steppen, die sich bis in die Mandschurei ausdehnen (die drei Provinzen des Nordostens: Liaoning, Jilin und Heilong-jiang). Die hier angrenzenden Völker sind heute Mongolen und Tungusen (Elunchun, Mandschus, Ewenke).

Eingefügt zwischen die Ringe dieser mächtigen Festung befinden sich einige Pässe, Zugangswege und Verkehrsverbindungen, darunter auch der wichtige Nordwest-Korridor. Er nahm seinen Ausgang bei der berühmten Stadt Xi'an und den Provinzen Shenxi und Shanxi, Gebieten mit fetten, gelblichen Böden. Xi'an hat schon sehr früh eine geographische und strategische Schlüsselstellung auf der zentralasiatischen Route eingenommen.

Auch der Verlauf der Flüsse, die wie gigantische Wasserstraßen von Ost nach West jeden Teil des Landes durchqueren, war wichtig für die Kommunikation zwischen den einzelnen Regionen.

Unterhalb des Blauen Flusses beginnt der Süden, ein Gebiet der grünen Hügel und Seen, an das sich die Ebenen von Yunnan-Guizhou (1000 bis 2000 m Höhe) anschließen, welche durch ihre Größe (120 000 qkm) und ihren Vielvölker-Charakter in China einzigartig sind. Dort finden wir eine Mischung aus tibeto-birmanischen Volksgruppen (Lissou, Nashi oder Moso, Yi, Zhuang), Miao-Yao und Palaung-wa, die austroasiatischer Abstammung sind.

Im zentralen Westen schließlich umfaßt allein das Becken von Sichuan einige 400 000 qkm. Sichuan ist eine völlig von Bergen eingesäumte und lange Zeit vom restlichen China isolierte Provinz. Sie vereinigt und verbindet die Kontraste: das Lößgebiet im Norden mit dem Süden Chinas, die tibetische Hochebene mit den Tiefebenen im Osten. Sichuan ist von Miao, Qiang und Tibetern bevölkert.

Die archaische Welt Chinas ist durch eine riesenhafte Ausdehnung, durch Komplexität und Differenziertheit gekennzeichnet. Es ist von daher äußerst schwierig, von eingeborenen oder zugewanderten Völkern zu sprechen, denn was aus ihrer Vergangenheit übriggeblieben ist, ist insgesamt zu unvollständig, um daraus auf das Alter der einen oder anderen Gruppe schließen zu können. Außerdem sind die Faktoren, durch die die Beziehungen zwischen den Gruppen Gestalt gewinnen, so verschiedenartig, daß es oft ein Spiel mit dem Zufall ist, wollte man entscheiden, was am Anfang der Austauschbeziehungen gestanden hat. Wir begnügen uns damit, den Bereich ihrer gegenseitigen Durchdringung abzustecken.

Seit langer Zeit ist uns bekannt, daß die im eigentlichen Sinn des Wortes chinesische oder Han-Kultur sich im Tal des Gelben Flusses (Huanghe) entwickelt hat, einem Gebiet mit gemäßigtem Klima, fruchtbaren und bewässerten Lößböden, in dem sich Ebenen, Hügel und Senken abwechseln. Doch erst seit neuerer Zeit weiß man, daß gleichzeitig andere chinesische Kulturen im Süden, Nordwesten und wohl auch im Südwesten existiert haben.

Die nördliche Ebene, in der sich die chinesische Bevölkerung konzentriert hat, erstreckt sich in Nord-Süd-Richtung von Peking bis zum Huai-Tal, in West-Ost-Richtung von Luoyang bis Shandong über mehr als 300 000 qkm. Sie umfaßt die Provinzen Hebei, Henan, Shandong und Anhui. Entstanden durch die Anschwemmungen des Gelben Flusses ist diese Region für den Ackerbau wie geschaffen. Leider haben sie die häufigen Überschwemmungen oft zum Katastrophengebiet gemacht und ihre Entwicklung gefährdet.

Es dürfte unbestritten sein, daß sich die Aktivitäten der ersten Bewohner dieses weitläufigen Kontinents in einer Anfangszeit auf die großen und kleinen Täler in der Umgebung der Flüsse beschränkt haben, wo das Leben durch

Klima und Vegetation begünstigt war. So haben wohl die im Laufe von Jahrhunderten durch die Anschwemmung der Flüsse entstandenen fruchtbaren Ebenen bei den Han deren Neigung zum Ackerbau erzeugt, für den sie so bekannt sind.

Wenn auch das Erscheinen des Menschen in China bis zu den Ursprüngen der Menschheit überhaupt zurückzugehen scheint, so ist doch der Ursprung des chinesischen oder Han-Volkes bis heute noch nicht bestimmt.[9] Sind die Vorfahren der Han vielleicht in aufeinanderfolgenden Wanderungswellen über Turkestan durch den berühmten Korridor von Gansu gekommen? Tatsächlich werden die legendären Schöpfer des Chinesenvolkes – das Paar *Fuxi-Nügua* – als Abkömmlinge der Kunlun-Berge im Nordwesten bezeichnet. *Nügua* gilt als die Mutter der ersten Menschen, welche sie zuerst aus gelber Erde formte; damit schuf sie die Adeligen. Danach formte sie aus Schlamm das gemeine Volk.

Die Geschichte der chinesischen Jungsteinzeit beginnt mit der Kultur von Yangshao; beheimatet in der Provinz Henan führen ihre Ausläufer bis nach Gansu, zu den Grenzen des chinesischen Turkestan. Kennzeichnend für diese Kultur ist eine mit geometrischen Motiven verzierte Keramik aus gebrannter Erde in der Grundfarbe Ocker. Auf sie folgt die Longshan-Kultur, die in Beziehung zur mandschurischen Jungsteinzeit zu stehen scheint und eine schwarze, kaum verzierte Keramik aufweist.[10]

Man glaubt, daß diese ersten Einwanderer sich am Ausgang des Gansu-Korridores an den Ufern des Gelben Flusses niederließen. Von dort zogen sie allmählich nach Nordosten und Osten, wobei sie die fremden Völker, auf die sie auf ihrem langen und beharrlichen Marsch trafen, eroberten, absorbierten oder vor sich her drängten.

Man hat als Ursprungsgebiet auch die indochinesische Halbinsel vorgeschlagen, da die dortigen Sprachen ebenfalls Sprachen mit Tönen sind. Aber es spricht doch vieles dafür, daß die Bewegung von Nord nach Süd stattgefunden hat. Ausgehend von dieser These haben die Archäologen und Kunsthistoriker sich bemüht, gewisse Ähnlichkeiten im Bereich der Kunst aufzuzeigen. Tatsächlich erinnern die geometrischen Muster der chinesischen Jungsteinzeit (etwa 5. bis 2. Jahrtausend v. Chr.) an Dekors aus dem russischen Turkestan und aus Persien; sie sind möglicherweise der Beweis, daß Verbindungen über die nördlichen Wege der mongolischen Steppe oder durch Zentralasien existierten.[11]

In Gansu haben die Entdeckungen des Schweden Johan Gunnar Andersson Keramiken mit Motiven von stilisierten Vögeln zutage gefördert, die denjenigen Persiens gleichen. Doch damit nicht genug: Die Mythologien Chinas und Persiens zeigen darüber hinaus eine Menge Ähnlichkeiten, namentlich die Legende vom Sonnenheros, vom Bogenschützen als dem großen Besieger von Ungeheuern – verwandt mit Herakles oder Nimrod –, der seine Pfeile gegen den Himmel schießt.

Das Urvolk der Chinesen, das keineswegs als einziges Volk den chinesischen Kontinent bevölkerte, scheint sich tatsächlich überwiegend in den bewaldeten Tälern Nordchinas niedergelassen zu haben. Es besaß eine fortgeschrittene Kultur und eine in Clans organisierte Gesellschaft auf der Basis von Ackerbau und Viehzucht. Obwohl sich das Zentrum der neolithischen Ausbreitung der Chinesen in der großen Ebene Nordchinas befindet, sind doch überall verstreut noch andere neolithische Kulturen bezeugt. Es war zweifellos in der Shang-Zeit, als die Chinesen – da ihr Ackerland nicht mehr ausreichte – von der großen Ebene ausschwärmten, um neue Gebiete zu besetzen, so daß sie die Grenzen weit in fremde Länder hinein verschoben.

Was andernorts für die Jungsteinzeit gilt, läßt sich auch in China nachweisen: Die Seßhaftwerdung der Han-Bevölkerung in Dorfgemeinschaften. Während sich die ersten religiösen Vorstellungen zu entwickeln beginnen, bearbeiten die Menschen Steine und brennen Tongefäße.

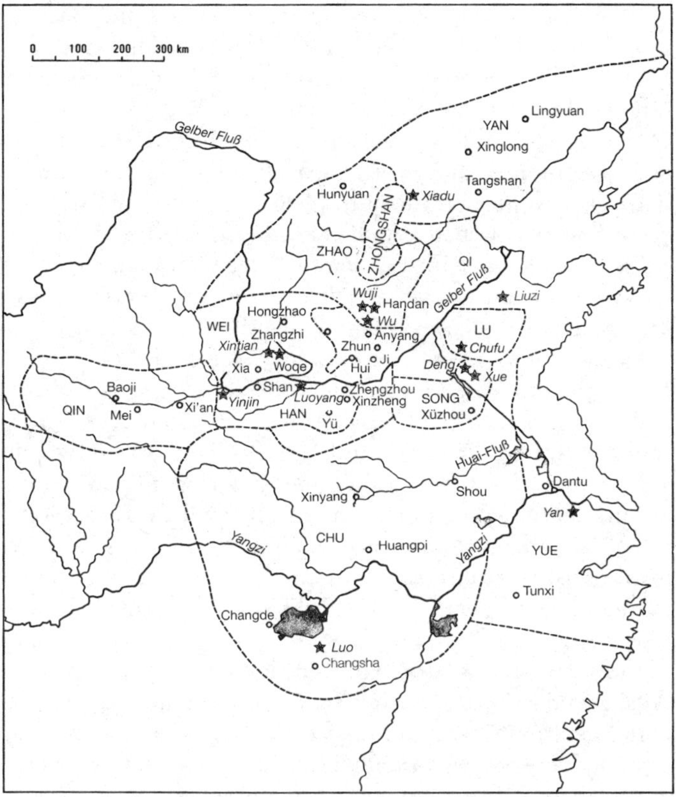

Karte 2. Die Zeit der Streitenden Reiche

Aber die Eroberung dieser Welt war sicher nicht leicht. Sie erstreckte sich über mehrere Jahrtausende. Allein schon die Urbarmachung des Bodens muß die Han-Bauern enorme Anstrengungen gekostet haben; jahrhundertelang waren sie damit beschäftigt, den dichten, von wilden Tieren wie Tigern, Panthern, Bären, Elefanten und Nashörnern bevölkerten Urwald, der die Ebenen des Nordostens bedeckte, durch Brandrodungen urbar zu machen.

Während der Urbarmachung richteten sich die Bauern inmitten der Felder in Hütten ein. Zeremoniell ließ man das Feuer im dritten Monat hinaustragen *(Liji, Yueling).* Erst mit dem Einbruch des Frostes kehrten die Bauern wieder ins Dorf zurück, um das Feuer im letzten Herbstmonat durch eine Zeremonie, die die Umkehrung des Frühlingsrituals darstellte, wieder zurückzubringen. Erschwert wurde dieses mühevolle Leben durch die Überschwemmungen der Flüsse und die unerbittlich darauf folgenden Hungersnöte.

Das am Rhythmus der Jahreszeiten orientierte Leben bildete die Grundlage für eine Religion animistischen Typs, die Kulte für Geister der Erde, des Windes, der Berge und Flüsse pflegte, denen Gebete und Opfer dargebracht wurden; hinzu kam die Verehrung des Obersten Herrschers und der Ahnen. Die Erfindung des Bronzegusses (etwa im 2. Jahrtausend v. Chr.) sollte eine entscheidende Wirkung auf die Bildung der chinesischen Kultur haben. Er förderte neue Techniken ebenso wie eine sehr viel entwickeltere Struktur der Gesellschaft, eine Adelsklasse, die ihre Zeit der Jagd und dem Krieg widmete, eine Stadt- und eine Landbevölkerung.

Die materielle Kultur erreichte einen ersten Höhepunkt. Ausgehend von den alten religiösen Vorstellungen wurde eine bestimmte Weltordnung entworfen, deren konstituierende Elemente sich zu einer klassifizierenden Denkweise verfestigten. Diese Denkweise war aus der Beobachtung der natürlichen, von Erde und Kosmos angebotenen Modelle gewonnen und auf das Prinzip der Polarität, der Korrelation, der Analogie und des Parallelismus gegründet.

Um den Mechanismus zu verstehen, genügt es, sich vorzustellen, wie die alten Chinesen ihre Blicke hinauf zum Himmel richteten, sich wunderten und Fragen stellten über die Erscheinungen, in denen sie ohne Zweifel den Ausdruck der Vollkommenheit sahen. Wie Platon die Schönheit, die Ordnung und die Ewigkeit der Sterne rühmte, die für ihn ein Vorbild abgaben für das exakt strukturierte System der

Gesellschaft unter der Führung eines Herrschers, der fähig war, sein Gespann bis in jene Höhen hinaufzulenken, von wo aus er die kosmische Harmonie betrachten und sich versichern konnte, daß das Land in Ordnung war[12], so machten sich auch die alten Chinesen in dem Bemühen, ihrer Umgebung eine Ordnung aufzuerlegen, um sie besser meistern zu können, ein rationelles und vereinheitlichendes Bild von der Welt. Das blieb nicht ohne Auswirkungen auf ihre Glaubensvorstellungen, ihre Werte und ihr Verhalten, und gab Anlaß zu mancherlei Spekulationen über die Ordnung und ihre Ursachen.

Wir haben es hier mit einem symbolischen Code zu tun, in dem das Universum als eine Art lebender Organismus verschiedene Phasen durchlaufen muß – Geburt, Wachstum, Niedergang und Tod –, ehe es zu einem neuen Zyklus gelangen kann. Dieser Organismus entwickelt sich in einem extrem regelmäßigen Kreislauf fort, der sich unendlich oft wiederholt, solange er nicht gestört wird. Inmitten dieses machtvollen Getriebes befindet sich der Mensch, dem die gewaltige Verantwortung auferlegt ist, den Kreislauf durch ein wohl definiertes Verhalten zu fördern und aufrechtzuerhalten. Diese nach unveränderlichen und universalen Gesetzen aufgestellte Verhaltensordnung bildet das, was man den Ritus nennt; in ihm kristallisiert sich das Bemühen des Menschen, sich den verschiedenen Phasen des Kreislaufes anzupassen und sein Handeln damit in Einklang zu bringen. »Das Ziel der Zeremonien«, sagt das Buch der Riten[13], »ist die Übereinstimmung mit der Ordnung der Natur.« Und die Ordnung der Natur wird auf der Grundlage der Dreiheit Himmel, Erde und Mensch verstanden. Allein das enge Zusammenwirken dieser drei kann gewährleisten, daß alle Phasen des Kreislaufes, von dem sie selbst Teile sind, vollständig verwirklicht werden.

In seiner Stellung unmittelbar unter der höchsten Wesenheit, die der Himmel ist, hat der Mensch die Aufgabe, alle Dinge durch sorgfältige Beachtung der Zeremonien zu vollenden. Die Riten sind keine willkürlich oder zufällig festgelegten Regeln, sondern beruhen im Gegenteil auf einer genauen und systematischen Beobachtung des Universums. Sie stellen von der Natur diktierte Vorschriften dar, deren jede einzelne im Zusammenhang steht und zweckmäßig ist. Sie haben die Funktion, den Menschen in das Universum einzufügen, indem sie ihm darin einen genau definierten Platz zuweisen und die Abstände festlegen, die er zu den anderen Teilen zu wahren hat. Die Riten sind das Geheimnis der universalen Harmonie. So ist die Verantwortung für Katastrophen und menschliches Unglück allein dem Menschen zuzuschreiben, der seiner Aufgabe nicht gerecht wurde.

Diese Vorstellungen finden sich schon in den ersten Bauernkalendern. Sie beruhen auf dem Wechsel und der Komplementarität der Pole *Yin* und *Yang*, dem Prinzip der Polarität am Grunde aller Dinge, das das Gesetz des Universums in seiner Dauer und bleibenden Beziehungsform symbolisiert. Unter den uns schriftlich überlieferten Kalendern kommt dem *Kleinen Kalender der Xia* ein wichtiger Platz zu, obwohl dieser sich auf den physischen Ablauf des Jahres und die damit verbundenen Landarbeiten beschränkt. Später nahm der Kalender eine differenzierte Form an; er entwickelte sich zu einer echten Chronik der profanen und der sakralen Handlungen, in der die raumzeitlichen Strukturen festgelegt waren, innerhalb derer die Verhaltensweisen zur Anwendung kamen.

So weit die Skizze eines Porträts der Han-Gesellschaft. Erinnern wir uns, daß die Homogenität dieses Volkes anthropologisch und auch linguistisch begründet ist, was sie von den anderen Kulturen des ursprünglichen Vielvölker-Kontinents unterscheidet.

Als Ackerbaugesellschaft hat die Han-Kultur die geographischen Zonen in ihrem Einflußbereich auf einem breiten Band von mehr als 3000 mal 2000 Kilometern tiefgreifend geprägt. Es umfaßt Ebenen und Täler, Plateaus von mittlerer Höhe und niedrige Hügel, deren Oberfläche sie schnell mit ihren Kulturen bedeckte, während andere Volksgruppen sich unabhängig voneinander entwickelten und aufgrund der Isolation durch natürliche Barrieren in Ruhe wachsen konnten. Die eisigen Steppen des Nordens, die Wüsten Zentralasiens und die Urwälder des Südens bildeten mächtige, hermetische Schranken, hinter denen sie sich zusammenfanden. All diese Völkerschaften Ostasiens unterschieden sich in ihrem Lebensstil, ihren religiösen Anschauungen, Techniken, in ihrer gesellschaftlichen Organisation und in ihrer Sprache; einige von ihnen haben es sogar verstanden, ihre traditionelle Lebensweise bis in unsere Tage zu bewahren. Von diesen Gesellschaften, die den chinesischen Kontinent jahrtausendelang mitbewohnt haben, sind heute noch (nach der Volkszählung von 1953) 54 Minderheiten übriggeblieben, die nur 5% der Gesamtbevölkerung Chinas ausmachen.

Aber die Abgeschlossenheit war nicht so radikal, wie man meinen könnte. Die von Flußläufen auf der West-Ost-Achse durchkreuzten nord-südlich verlaufenden Täler haben die Landschaften geformt und damit Reisewege geschaffen, die Wanderungen ebenso wie Invasionen gestatteten. Dies hatte zur Folge, daß bestimmte, praktisch unzugängliche Regionen schon in frühester Zeit von den Han aufgesucht und bewohnt wurden. Dies gilt unter anderem für das Becken von Sichuan, das sich für das Han-Volk trotz seiner offensichtlichen geographischen Randlage seit der Zhou-Zeit (1121–222 v. Chr.) als ein außerordentlich wichtiger wirtschaftlicher und kultureller Anziehungspol erwiesen hat. Und selbst wenn man noch weiter in die Geschichte Chinas zurückgeht, findet man dort archäologisch bezeugte Spuren des Kontaktes und des Zusammenlebens.

Mit Interesse, aber auch mit Furcht erkundeten die Chinesen das sie umgebende Territorium und richteten dabei ihre Blicke über die natürlichen Barrieren, die sie schützten, hinaus. Die fremden Gesellschaften, die sie dort vorfanden, galten in ihren Augen als anormal, ungastlich, barbarisch, und sie waren gleichbedeutend mit Gefahr. An die Stelle der Feindseligkeit trat im besten Fall Verständnislosigkeit oder Verachtung für diese Volksstämme, die in den Augen der Chinesen stets Auswüchse, störende Tumore für das »Reich der Mitte« waren, wofür es manchmal freilich auch gute Gründe gab, da einige dieser Gesellschaften recht kriegerisch waren.

Die Vorstellungen, die die Chinesen mit benachbarten Völkern verbanden, die »menschenleere Sümpfe«, Meere, Steppen, Hochebenen, steile Berge und tropische Urwälder bewohnten, deren Heimat man als »dort, wo die Zivilisation endet« betrachtete, die sich durch Herkunft, Wirtschaftsweise und soziale Strukturen unterschieden – einige »gekocht« (d. h. sinisiert und also zivilisiert), andere »roh« (nicht sinisiert, also nicht zivilisiert) –, kamen Vorstellungen von bedrohlichen und geheimnisvollen Ungeheuern, bösartigen Mischwesen zwischen Mensch und Tier, so nahe, daß diese Völker oft verächtlich mit Tiernamen belegt wurden.

Die klassischen Texte nehmen oft bezug auf die »10 000 Stämme« Chinas, und es geht daraus hervor, daß manche von ihnen, die häufig genannt werden, durchaus zum chinesischen Alltag dazugehörten. Sogar in den *Reichsannalen* sind ihnen besondere Kapitel gewidmet.

Vor und während der Zhou-Zeit teilten die Chinesen sie in vier Gruppen ein, von denen man nicht sicher weiß, welche Völkerschaften sie abdeckten. Da sie den vier Himmelsrichtungen Süden, Osten, Westen und Norden entsprachen, benannte man sie, vermutlich nach dem Stamm, der jeweils die Herrschaft über die anderen ausübte, als Man, Yi, Rong und Di.

Die Terrassenlandschaften von Shanxi-Shenxi bildeten das Land der Di, die Gruppe des Nordens in der Nachbarschaft von Nomaden, die wohl seit frühester Zeit in den weiten Steppen der mongolischen Ebene beheimatet waren. Unter allen Völkern, mit denen die Chinesen zu kämpfen hatten, erwiesen sich die Hunnen oder »Xiungu« als die gefährlichsten. Als Hirtennomaden ernährten sie sich von Milch und aßen viel Fleisch, was die benachbarten Han sehr schockierte. Als geschickte Bogenschützen und ausgezeichnete Reiter spielten sie den Chinesen übel mit, denen es nur mit Mühe gelang, sich durch die Große Mauer vor ihren nördlichen Nachbarn zu schützen; zu eben diesem Zweck hatte man jahrhundertelang ein Teilstück nach dem anderen errichtet, bis der Qin-Kaiser Shi (221–207 v. Chr.) sie schließlich vollendete.

Nach Osten, in Richtung Meer lebten in Shandong die Yi. Man sprach von ihnen auch als den – bisher nicht identifizierten – »Inselbarbaren« oder »Vogelbarbaren«, was sich auf die Bewohner Japans, vielleicht auch Taiwans (Formosa) beziehen konnte, oder einfach auf andere Bevölkerungsteile Shandongs, die ursprünglich zum Kontinent gehörten. Die »Inselbarbaren« waren bekannt für die Lederkleidung, die sie herstellten und als Tribut entrichteten. »Wenn die vier Arten von Barbaren, die Man, die Yi, die Rong und die Di, dem königlichen Befehl nicht mehr gehorchen, sondern betrunken und schamlos die moralischen Normen zerstören, gibt der König Befehl, sie zu strafen, und dann müssen sie ihm Tribut entrichten.«[14]

Jenseits des Blauen Flusses im Süden lag das Gebiet der zur Kategorie der Man zählenden Barbaren, die dem Druck der chinesischen Kultur sehr stark ausgesetzt waren. Zu dieser Kategorie gehörten wahrscheinlich gewisse Gesellschaften, die man heute den Miao-yao zuordnet, welche aus etwa zehn miteinander verwandten, auf die Provinzen Hunan, Sichuan, Guangxi, Guizhou, Hubei und Yunnan verteilten Volksgruppen bestehen. Manche von ihnen sind nach Laos, Thailand und Birma ausgewandert, wo sie bis heute den archaischsten Teil der Ureinwohnerschaft Zentralchinas bewahrt haben.[15]

Die Miao-Gruppe wurde im Altertum mit den »san miao« (Drei Miao) assoziiert, den Ungeheuern der chinesischen Mythologie, gegen die sich die Macht der Gründerheroen richtete. *Yu der Große* (2207–2198 v. Chr.) vernichtete sie, und die Texte sagen, die Überlebenden seien nach Süden geflohen. Der Name Miao, der im hohen Altertum auftaucht, ist später durch den allgemeineren Namen Man ersetzt worden, der sich auf mehrere Volksstämme bezog. Die Beziehungen zwischen den Han und den Miao sind demnach sehr alt.

Im Westen schließlich befanden sich die Rong, die von den das Wei-Tal in Shensi umgebenden Bergen aus in regelmäßigen Abständen die Chinesen heimsuchten und ausplünderten.

Auch wenn es mit Sicherheit zu Vermischungen unter diesen Völkerschaften gekommen ist, war China beim Anbruch der geschichtlichen Zeit ein Inselchen inmitten von »Barbaren«. Gewiß ist es schwierig, diese zu den heutigen Volksgruppen in Beziehung zu setzen, nachdem manche verschwunden sind, andere völlig von den Han aufgesogen wurden und wieder andere sich untereinander vermischt haben. Das ändert aber nichts an der Tatsache, daß sie in der Entwicklung der chinesischen Kultur eine außerordentlich wichtige Rolle gespielt haben. Insbesondere die Yangshao-Kultur scheint starke Einflüsse aus dem Norden empfangen zu haben. Die für sie typische bemalte Keramik erinnert auffallend an Irdenware aus der Ukraine und aus Turkmenistan.

Auch die späteren Jadearbeiten scheinen eine Anleihe aus dem Norden zu sein, möglicherweise aus der Blaskovo-Kultur vom Baikal.[16]

Dasselbe gilt für die Schmiede-, die Waffen- und Ausrüstungstechnik der Zhao und der Qin, Staaten, die in Kontakt mit den Hunnen standen. Tatsächlich scheinen die Organisation der Armee und die militärische Führung dieser beiden Fürstentümer sehr viel raffinierter gewesen zu sein als die anderer Staaten. Es sei in diesem Zusammenhang auf die Tierornamentik der chinesischen Bronzen hingewiesen, die dem mesopotamischen Kunststil nachempfunden ist, nachdem sie auf dem Weg über Sibirien und die Mongolei geringfügige Abwandlungen erfahren hatte.

Außerdem erinnern eine ganze Reihe von Stilelementen eindeutig an Darstellungen, die für die Gesellschaften der amerikanischen Nordwestküste typisch sind: die genau ausgeführte Symmetrie der Tierornamente, die Darstellung des Gesichtes durch zwei in der Mitte aufeinandertreffende Profile, wie in den als *taotie* (Vielfraß) bezeichneten Tiermasken, bei denen die Figuren nach Art von Totems übereinandergestellt sind. Vielleicht äußert sich darin das Fortleben eines allen Anrainerstaaten des Pazifik gemeinsamen Urgrundes.

Handel und diplomatische Bündnisse, Heiratsverbindungen oder Gefangennahmen fördern einen allmählichen Wandel der sozialen und geistigen Strukturen der miteinander in Kontakt stehenden Volksstämme. Es ist in dieser Hinsicht bemerkenswert, daß man von den Stämmen im Norden die Techniken und gleichzeitig von denen im Westen die Ideen entlehnte.

In unserer Kenntnis der chinesischen Vergangenheit gibt es noch ausgedehnte weiße Flecken, wo uns das Wie und Warum bestimmter Vorgänge unbekannt und geheimnisvoll bleiben. Doch was die Texte leider nicht ausreichend zu bestimmen gestatten und die Archäologie noch nicht erklärt hat, kann durch das Studium eben dieser nichtchinesischen Völker ans Licht gebracht werden, die uralte Traditionen bis heute bewahrt haben, in denen sich eine gemeinsame Vergangenheit widerspiegelt. So findet man bei den Miao des Südwestens oder bei den Wa in Yunnan dieselben Schöpfungsmotive wieder wie bei den Chinesen, und die Holz- oder Steinplastiken der Paiwan in Taiwan sind auffallend identisch mit den tiergestaltigen Motiven der Shang-Bronzen. In ihren archaischen Ausdrucksformen zeugen sie von einer theriomorphen Religion vor ihrer Anthropomorphisierung.

Seit 1971 nimmt in den chinesischen Fachzeitschriften die Frage der nationalen Minderheiten einen breiten Raum ein. Die intensiv von Ethnologen und Sinologen bei diesen Minderheiten betriebene Feldforschung dürfte in einigen Jahren ein außerordentlich reiches Material für vergleichende Untersuchungen liefern.

Gewiß kann das Auftreten ähnlich gearteter Bräuche und Institutionen in verschiedenen Kulturen nicht als definitiver Beweis für Kontakte zwischen ihnen gelten. Vorsicht ist geboten, um übereilte Schlußfolgerungen und eine zu sehr auf Analogien gegründete Forschung zu vermeiden. Dennoch ist selbst der in dieser Hinsicht sehr vorsichtige Claude Lévi-Strauss versucht, in einer Untersuchung zur Kunst die amerikanische Nordwestküste, China, Sibirien, Neuseeland, Indien und Persien zu vergleichen; und er gibt zu, »daß die Ähnlichkeiten der altchinesischen Kunst mit der der (amerikanischen) Nordwestküste zu groß sind, als daß wir nicht immer an diese Möglichkeit (einer gemeinsamen Wiege) denken müßten. Aber selbst wenn Anlaß wäre, an eine Verbreitung zu glauben, so kann sich diese nicht auf Details beziehen, auf unabhängige Merkmale, die für sich stehen, (...) sondern (es handelt sich) um organische Einheiten, deren Stil, ästhetische Konventionen, soziale Organisation und geistiges Leben strukturell verbunden sind.«[17] Trotz der geographischen Entfernung sind vergleichende Studien primitiver Kunst offensichtlich durchaus fruchtbar, und wenn es auch nicht darum gehe, einen direkten Kontakt zu beweisen, so könne man doch, meint Lévi-Strauss, eine strukturale Analyse der Formen dieser Kunst ins Auge fassen, die »innere Zusammenhänge psychologischer und logischer Natur« zu Tage fördert, um jenseits von nationalen und historischen Unterschieden an die universalen Grundlagen der menschlichen Gesellschaft heranzukommen.

I

Das Weltbild
Die Schöpfung
Die legendären Gestalten

Die acht Trigramme mit Yin und Yang in der Mitte.

Chronologie

Von der legendären Geschichte der Vorzeit sind lediglich Bruchstücke in literarischen Fassungen erhalten, ein »elendes Stückwerk«, wie Marcel Granet sagt[1], der bekennt, daß es etwas gewagt ist, sie in einer soziologischen Analyse zu verwenden. Der Grund dafür liegt in dem Umstand, daß die Autoren dieser literarischen Fassungen Gelehrte späterer Epochen waren, denen es nicht darum ging, das ihnen vorliegende Material kritisch zu untersuchen, sondern es auf ihr Denksystem zuzuschneiden; sie unterzogen die Texte einer Rationalisierung und Historisierung und arbeitete sie entsprechend um.

So gibt uns die literarische Überlieferung zwar Aufschlüsse über die Vorstellungen vom Universum, wie sie in der archaischen Gesellschaft Chinas lebendig waren, und auch darüber, was die Organisation dieser Gesellschaft leistete und wo ihre Grenzen waren, aber sie ist mit Sicherheit kein unmittelbarer Ausdruck oder Spiegel historischer Ereignisse oder gesicherter sozialer Gegebenheiten. Angesichts der Tatsache, daß die Verhältnisse im archaischen China weit davon entfernt sind, durch den gegenwärtigen Stand der Erkenntnisse rekonstruiert zu sein, ist es durch nichts gerechtfertigt, aus diesen Dokumenten Rückschlüsse auf einen Teil der Geschichte Chinas zu ziehen. Praktisch stammt das, was man über die Mythen weiß, vor allem aus Werken wie dem *Shanhaijing*[2] *(Buch von den Bergen und Meeren),* dem *Chuci*[3] *(Elegien von Chu)* und dem *Shenyijing*[4] *(Buch der Geister und Wunder),* um nur solche zu nennen, deren Inhalt sich am besten zur Erhellung unseres Themas eignet.

Außerdem können in den meisten Werken aus der Zhou-Dynastie verstreute und fragmentarische Anspielungen gefunden werden, ohne daß dort irgendeine wirklich zusammenhängende Geschichte der Schöpfung vorkäme. Ebenso bieten die alten Texte eine Palette der unterschiedlichsten Vorstellungen vom Leben der primitiven Menschheit. Manchmal widerspricht ein Text sich selbst, indem er die Vorstellung eines goldenen Zeitalters vermittelt, und dann, einige Seiten später, die einer wilden und elenden Welt. Bald hatte man Überfluß an allem, was zum Überleben notwendig war, ohne daß es die geringste Anstrengung kostete[5], bald lebten die Menschen wie Wilde am Boden in Höhlen und schlugen und zerfleischten sich gegenseitig.[6] Weit davon entfernt, einander auszuschließen, scheinen Darstellungen von paradiesischen und von barbarischen Zuständen auf untrennbare, komplementäre Aspekte der Frühzeit hinzuweisen.

Die legendären Gestalten, die von den chinesischen Denkern oft für historische Persönlichkeiten gehalten wurden, lebten fort, weil die Clans einige unter ihnen als ihre Ahnen betrachteten und ihnen einen Kult widmeten. Seit der Zeit der Frühlings- und Herbst-Annalen[7] haben die Denker in diesen Mythenapparat kosmogonische Spekulationen eingeführt und ihn dabei absichtlich beschönigt, was erklärt, warum Marcel Granet und Henri Maspero oft kritisiert wurden, weil sie mit zu viel Überzeugung an ihre Quellen geglaubt haben. Granet selbst hatte dem Geschichtsschreiber der Han, Sima Qian[8], vorgeworfen, er habe »die Berichte einer mythischen Tradition in historische Dokumente verwandelt«.

In der Morgenröte der Zeiten treten die Drei Erhabenen *(San Huang)* auf mit *Fuxi* an der Spitze, der auch als *Taihao* (Das Große Leuchten) bekannt ist, ferner *Nügua,* die man häufig als seine Gattin bezeichnet, und *Shennong* (der Göttliche Landmann), der auch als *Yandi* (der Rote Kaiser) bekannt ist. Als Urheber einer großen Zahl von Erfindungen, mit denen der Grundstein zur menschlichen Gesellschaft gelegt wird, werden die Drei Erhabenen als mächtige Gründer betrachtet, als schöpferische Genien, denen man die Trennung von Mensch und Tier und von Mensch und Göttern zuschreibt. Damit setzen sie dem Chaos und der Verwirrung, die in der Urzeit herrschten, ein Ende.

Ihnen folgten *Huangdi* (der Gelbe Kaiser), *Shaohao,* dessen Herrschaft sehr kurz war, *Zhuanxu* (Gaoyang), *Ku* (Gaoxin), *Yao, Shun,* und schließlich *Yu der Große.* Die Rekonstruktion der Ursprungsgeschichte ist nicht immer einfach, da die Chronologie von Text zu Text variiert und eine ganze Reihe von Szenarien anbietet, zwischen denen eine Auswahl zu treffen nicht leicht ist. Wenn man, namentlich aufgrund dessen, was wir aus den Bronzeinschriften wissen, die Existenz der *Xia*-Dynastie als historische Phase für gesichert annimmt, so ist demgegenüber alles, was noch weiter zurückliegt, mit Vorsicht zu betrachten. Obwohl sich die Ordnung der Aufeinanderfolge von Werk zu Werk umkehren kann, scheint sich doch ein Muster herauszuschälen, bei dem am Anfang das Zeitalter der Drei Erhabenen steht, darauf das Zeitalter der Herrscher folgt, und am Schluß das Zeitalter der Drei Dynastien.[9]

In der Reihe der Drei Erhabenen kommt es vor, daß man nur *Shennong* findet (jedenfalls ist dies in den *Historischen Berichten* von Sima Qian der Fall, der die Genealogie der Könige mit *Huand gi* beginnt, wobei er hinzufügt, daß »die Nachkommen des *Shennong* zur Zeit des *Huangdi* sittlich verdorben waren.«). Auch kann man die folgende Anordnung finden: *Fuxi, Shennong, Nügua* oder *Fuxi, Nügua, Shennong,* oder auch noch *Fuxi, Shennong, Huangdi.* Die Informationen über diese Periode, die im allgemeinen rein mythologisch ohne jede Chronologie dargestellt wird, sind gering. Im Gegensatz dazu stellt sich das Zeitalter der Herrscher fast einheitlich dar, die Aufzählungen enthalten kaum Varianten. Mit dem Zeitalter der Drei Dynastien schließlich bewegen wir uns mit *Yu dem Großen* als dem Begründer der *Xia*-Dynastie, *Tang* als dem Gründer der *Yin*-Dynastie, und *Wen*, dem Gründer der *Zhou*-Dynastie, auf bekanntem Territorium.

Das Weltbild

Die alten Chinesen stellten sich die Welt als einen Wagen vor, dessen Boden die viereckige Erde und dessen Dach der runde Himmel bildete. Darum sagt man, daß die Erde trägt und der Himmel überdacht. Boden und Dach sind nicht durch Wände verbunden. Pfeiler in den vier Ecken der Erde stützen den Himmel und verhindern, daß er auf die Erde herunterfällt. Ursprünglich waren diese Pfeiler gleich hoch und Himmel und Erde parallel. Aber nachdem das Ungeheuer *Gonggong* den nordwestlichen Pfeiler, den Berg Buzhou[10], erschüttert hatte, stürzten Himmel und Erde auf dieser Seite aufeinander zu. Seit dieser Zeit fallen der Himmel nach Nordwesten, die Erde nach Südosten hin ab, während Sonne, Mond und Sterne von ihren Plätzen verrutscht sind. Der Polarstern steht nicht mehr in der Mitte, und die Flüsse fließen von Westen nach Osten ...

Der Himmel ist aus neun Stockwerken aufgebaut, die man auch die neun Himmel nennt.[11] Jeder Himmel ist vom anderen durch eine von Tigern und Panthern bewachte Tür getrennt und ist einem der Türhüter des Herrschers der Höhe unterstellt, jener überlegenen göttlichen Instanz am Ursprung aller Dinge, die zugleich die himmlische und die irdische Welt regiert. Darunter befindet sich die Erde, die auf acht Säulen ruht. Sie enthält neun Provinzen, neun Berge, neun Pässe, neun Sümpfe, acht Arten von Winden und sechs Hauptwasserläufe.

Es war *Yu,* der Gründer der *Xia,* der als erster die Grenzen der Erde bestimmte. Man sagt, er habe von *Taizhang,* einem seiner Minister, verlangt, vom äußersten Westen zum äußersten Osten zu gehen und dabei seine Schritte zu zählen. Taizhang tat wie ihm geheißen, und das Ergebnis waren 233 500 Li und 75 Schritte.[12] Von einem anderen Minister, *Shuhai,* ließ er die Entfernung vom äußersten

Norden zum äußersten Süden abschreiten. Es waren ebenfalls 233 500 Li und 75 Schritte.

Jenseits der neun Provinzen befinden sich die acht Fernen und jenseits der acht Fernen die acht Endpunkte. Im Osten haben die Menschen einen zarten Körperbau, einen kleinen Kopf, eine hervorspringende Nase, einen großen Mund, und sie gehen auf Zehenspitzen. Sie leben nicht lange. Im Süden sind die Leute groß, haben einen großen Mund, sehr weit geöffnete Pupillen, und sie sterben ebenfalls jung. Im Westen haben die Leute ein verdrehtes Gesicht und einen langen Hals. Sie bewegen sich würdevoll, sind tapfer und wagemutig, aber bar jeder Menschlichkeit. Im Norden sind die Leute stämmig, mit kurzem Hals, breiten Schultern und tief angesetzten Hüften. Sie sind dumm, beschränkt wie Vögel oder Vierfüßler, leben aber sehr lang. Die Leute im Zentrum haben ein breites Gesicht, aber ein kurzes Kinn, schöne Bärte und viel Fett. Sie sind scharfsinnig und weise. Sie lieben es, einen Staat zu regieren. Die vier Meere umgeben die bewohnte Welt. Auf der anderen Seite der Meere gibt es 36 Länder. Von Nordwesten bis Südwesten gibt es die Langschenkel, die Weißen, die Fruchtbaren, die Frauen, die Einschenkligen, die Einarmigen und die Dreikörper. Von Südwesten bis Südosten gibt es die Lochbrüste, die Gefiederten, die Nackten, die Drei Miao, die Unsterblichen, die Durchbohrten Brüste, die Umgedrehten Zungen, die Durchbohrten Zähne, die Dreiköpfe, und die Langarme. Von Südosten nach Nordosten gibt es das Land der Großen Menschen, der Geschwärzten Zähne, der Schwarzschenkel und der Behaarten. Von Nordosten bis Nordwesten gibt es die Tiefen Augen, die Bauchlosen, die Einäugigen und die Kinderlosen.[13]

Unter der Voraussetzung, daß die Erde viereckig und der Himmel rund ist, gibt es Orte, die der Himmel nicht bedeckt und die Sonne nicht erleuchtet. Im Norden und im Osten gibt es die Liusha (fließende Sände), große Wüsten, das Herrschaftsgebiet der Dame Ba, Göttin der Dürre. Der

Südwesten ist das Gebiet des Durstes, das von riesigen roten Ameisen heimgesucht wird. Die Leute dort essen nicht und kleiden sich nicht. Sie schlafen fast immer. Der Nordwesten ist der Bezirk der »neun Finsternisse«. Dort gibt es eine Schlange mit Menschenkopf. Ihre Körperlänge beträgt mehr als tausend Li. Weder ißt sie, noch trinkt sie, noch atmet sie. Wenn sie die Augen schließt, wird es Nacht. Wenn sie die Augen öffnet, wird es Tag. Wenn sie atmet, gibt es Wind und Regen. Im Nordosten treibt eine Art Rind mit grünem Körper und einem einzigen Fuß auf dem Meer. Es ist *Kui*, von dem der Fürst *Yao* die Haut nahm, um daraus eine Trommel, ein Symbol seiner Herrschaft, zu machen. *Zhurong*, der Genius des Feuers und des Sommers, ein roter Drache mit Menschengesicht und Schlangenkörper, herrscht über den Süden. *Rushou*, Genius des Metalls und des Herbstes, regiert den Westen, *Xuanming*, Genius des Wassers und des Winters, ist der Regent des Nordens, *Goumang*, Genius des Holzes und des Frühlings, beherrscht den Osten, und *Houtu*, Genius der Erde und der Mitte des Jahres, regiert das Zentrum.

Die Schöpfung

In sehr alten Zeiten waren die vier Kardinalpunkte nicht an ihrem Platz, die neun Provinzen waren offen, und der Himmel überdeckte die Erde nicht völlig. Das Feuer brannte, und das Wasser strömte, ohne daß etwas sie aufzuhalten vermochte. Die wilden Tiere fraßen das friedliche Volk auf, und die Raubvögel trugen die Greise und Kinder fort. Es geschah in dieser Zeit, daß das Ungeheuer *Gonggong* in einem Anfall von Wut, weil es mit seinem Plan, die Welt zu beherrschen, gescheitert war, den Berg *Buzhou*, die kosmische Säule oder *axis mundi* erschütterte, so daß der Himmel in eine Schieflage geriet. Damit rief *Gonggong* die Sintflut hervor. Nun griff *Nügua* ein. Sie verschmolz Steine von fünf Farben, um das Himmelszelt zu flicken, schlug die Füße einer Schildkröte ab, um die vier Kardinalpunkte zu fixieren, und häufte Schilfrohrasche auf, um die überfluteten Wassermassen aufzuhalten. So kam alles wieder in Ordnung. *Nügua* hatte den Umtrieben von *Gonggong* ein Ende gesetzt. Es heißt auch, daß sie aus gelber Erde die Menschen schuf. Und sie hob die neun Flüsse aus, d. h. die neun Arme, in denen sich der Gelbe Fluß über die Ebene ausbreitete.

Die Person der *Nügua* erscheint allerdings nicht immer als weiblich.[14] Es scheint nur ihre Verbindung mit *Fuxi* zu sein, die aus ihr eine Frau macht. Die beiden werden als Mann und Frau dargestellt, mit Körpern, die in einen Schlangen- oder Drachenschwanz übergehen.[15]

Fuxi ist unter dem Namen *Taihao* (Das Große Leuchten) bekannt. Halb Mensch, halb Tier, mit einem Schlangenleib unter einem Menschenkopf, manchmal auch mit Ochsengesicht und Tigerschnauze dargestellt, wurde er von einer Wassergöttin, der Göttin der neun Flüsse, geboren. Seine wundersame Geburt soll in einem Drachensumpf stattge-

Abb. 1 Fuxi

funden haben, nachdem eine Frau in den Fußspuren eines Riesen gegangen war[16].

Nachdem sie zu Beginn des Mythos getrennt waren, vereinigen sich *Fuxi* und *Nügua* als Bruder und Schwester, Gatte und Gattin, sobald die Welt in Ordnung ist. Als komplementäres und unteilbares Paar stellen sie die zwei antithetischen Aspekte ein und derselben Kraft dar. *Fuxi* hat als Attribut das Winkelmaß, Symbol der religiösen und magischen Künste, der Erde, des Vierecks und des Männlichen, während *Nügua* als Attribut den Kompaß, das Symbol des Weiblichen, hat. *Fuxi* erfand das System der verknoteten Schnüre sowie die Acht Trigramme. Auch werden ihm die Erfindungen des Fischfanges und der Jagd zugeschrieben. Er regierte 120 Jahre. *Fuxi* und *Nügua* personifizierten das *Yang* und *Yin*, sie waren schützende Mächte von totemistischer Art. Sie überwand die Sintflut, während er die hundert Tiere zähmte. Ihre machtvolle und wirksame Verbindung bildete die Grundlage für eine weise Regierung, die in der Lage war, den Fortbestand der menschlichen Ordnung zu sichern.

Verwandtschaft mit diesem Mythos[17] zeigt ein Mythos des Miao-Volkes[18] im Süden Chinas: der Mythos von *Nogong* und *Nomu* (der Herr No und die Dame No), der traditionell anläßlich der Opferriten zu Ehren der Urahnen des Miao-Volkes gesungen wird. Das Ritual spielt sich folgendermaßen ab: *Hebi* (der Herr der Pflanzen) und *Hesong* (der Herr des Donners) bekämpften sich. *Hebi* ging siegreich aus der Schlacht hervor und nahm *Hesong* gefangen. Aber *Hebi* hatte zwei Kinder, *Nogong* und *Nomu,* die von Mitleid ergriffen wurden und *Hesong* befreiten. Aus Dankbarkeit schenkte *Hesong* den Kindern Melonenkerne und erklärte, sie sollten diese bis zur Sintflut aufbewahren, die bald kommen werde. Dann löste er die Sintflut aus, und die Welt wurde zerstört. Bruder und Schwester pflanzten eilig die Kerne, aus denen schöne Melonen wuchsen. Sie flüchteten sich in deren Inneres und entgingen so mit knapper Not dem Tod. Daraufhin beendete *Hesong* die Sintflut. Die Erde wurde wieder bewohnbar. *Nogong* und *Nomu,* die einzigen Überlebenden, beschlossen zu heiraten, um die Erde wieder zu bevölkern. Ihr Kind wurde, der Legende zufolge, in hundert Stücke geschnitten und in die vier Weltgegenden verstreut, und so entstanden die hundert Clans.

Wie in dem chinesischen Mythos bedeutete die Tat des Paares *Nogong* und *Nomu* Rettung und Wiedergutmachung. Das Erzählschema ist in beiden Legenden das gleiche: Auf den Bruch des Gleichgewichtes der Welt folgt die Sintflut, und die Lösung ist schließlich der wiedergefundene Friede. Der Mythos von *Nogong* und *Nomu* könnte sehr gut an der Wiege des Mythos von *Fuxi* und *Nügua* gestanden haben. Nach seiner Entstehung im Süden Chinas könnte er sich allmählich in den chinesischen Provinzen verbreitet haben. Tatsächlich findet sich die erste geschriebene Fassung dieses Mythos in dem Werk *Huainanzi,* das im Land Chu (Hubei-Hunan), dem Gebiet, wo die Miao-Stämme konzentriert waren, herausgegeben wurde. Hinzu kommt, daß *Fuxi* und *Nügua* in den chinesischen Chronologien vor der Han-Zeit nicht systematisch aufscheinen. Das bestätigen schon die *Historischen Berichte* des Geschichtsschreibers Sima Qian, in denen die chinesische Geschichte mit *Shennong* beginnt. Der chinesischen Welt unbekannt, dürfte der Mythos zu Beginn der Han-Zeit verbreitet und in den damaligen ideologischen, religiösen und literarischen Fundus übertragen und einbezogen worden sein.

Es folgt die Regierung des zweiten Herrschers in der Reihe der Drei Erhabenen: *Shennong* (der Göttliche Landmann). Er hat den Körper eines Menschen und den Kopf eines Ochsen[19] und trägt auch den Namen *Yandi* (Roter Kaiser).

Shennong trat kurze Zeit nach *Suiren* (Bohrermensch) auf, der die Menschen den Fischfang und das Kochen von Speisen mit Hilfe des Feuerbohrers gelehrt hatte, nachdem diese sich von rohem Fleisch ernährt und das Blut der Tiere getrunken hatten. *Shennong* stand dem Opfer des Herdes vor. Er brachte den Menschen die Segnungen des Ackerbaus, indem er sie lehrte, die fünf Getreidesorten zu pflanzen und den Pflug zu benutzen. Seine Erfindungen betreffen alle den Bereich der Ernährung und die damit verbundenen Techniken. Er probierte auch die Wirkungen der Pflanzen an sich aus und war Autor einer *Materia Medica*. Er richtete Märkte ein, damit die Menschen Tauschhandel treiben konnten. Manche Texte erwähnen nicht *Shennong*, sondern *Yandi*, so das *Buch der Berge und Meere*. Vergleichende Untersuchungen haben ergeben, daß es sich um ein und dieselbe Person handelt oder um eine ganze Dynastie, deren letzter Repräsentant *Yandi* gewesen sein soll.

Auch die Geburt des *Shennong* war übernatürlich. Seine Mutter wurde, so erzählt die Legende, vom Kopf eines himmlischen Drachen berührt, ehe sie den Göttlichen Landmann zur Welt brachte. Aus den Acht Trigrammen des *Fuxi* machte *Shennong* die 64 Hexagramme.[20] Er richtete *Bazha* ein, das Opfer des Jahresendes, ein Fest der Ernte, und regierte 120 Jahre. Ihm folgten acht Generationen seines Blutes, deren jede dreißig Jahre Dauer hatte. Seinem Sohn *Houji* opferten die nachfolgenden Generationen als dem Gott der Ernte. *Shennongs* Bruder war *Huangdi*. Beide machten sich gegenseitig die Macht streitig.

Huangdi (der Gelbe Kaiser) soll im 3. Jahrtausend v. Chr. gelebt haben. Unbestreitbar eine der wichtigsten Gestalten des chinesischen Volkstums, wird er als ein Eroberer und Richter vorgestellt, als Gott des Berges *Kunlun*[21] und des Zentrums der Erde.[22] Von den Taoisten wird er als der Gründer ihrer Lehre und Autor des *Neijing suwen*[23] angesehen. Der Überlieferung nach regierte er 100 Jahre lang. Sein Mythos ist uns wie die anderen Mythen in fragmentarischer Form überliefert; er wird darin nacheinander als eine mythische Gestalt (unter den Shang), dann als eine historische Person (zu Beginn und während der Zhou-Dynastie), und schließlich erneut als ein mythisches Wesen (ab dem Ende der Zhou-Zeit[24]) vorgestellt. Aber in den *Historischen Berichten* ist seine Biographie die vollständigste. Die Erzählung von seiner wunderbaren Geburt erinnert sofort an die der anderen Heroen. Auf dem Berg *Xianyuan* erleuchteten Blitze den nächtlichen Himmel, und seine Mutter wurde schwanger. Die Schwangerschaft dauerte 20 Jahre. Vom Augenblick seiner Geburt an konnte *Huangdi* sprechen. Der Ortsname *Xianyuan* blieb ihm als zweiter Name. Seine Gattin heißt *Leizu* (Donner-Ahnin). Seine Tochter *Niuba* oder *Ba* ist die Trockenheit in Person. Zum Wohl des Landes mußte *Huangdi* sie in die öden Grenzgebiete des Nordens schicken, weil sie in seiner Gegenwart nicht weinte und die Pflanzen und Tiere dahinstarben. So erklärt man sich, daß die Länder des Nordens Wüsten ohne Wasser sind. *Niuba* wird als kahlköpfige Frau von zwei bis drei Fuß Körpergröße beschrieben. Völlig nackt, die Augen auf dem Scheitel des Kopfes, bewegt sie sich mit der Geschwindigkeit des Windes. Als furchterregende Gestalt half sie ihrem Vater im Kampf gegen seine Feinde.

Der Gelbe Kaiser soll 25 Söhne gehabt haben[25], von denen wiederum 25 Clans abstammen. Als *Huangdi* seinen Bruder *Yandi* bekämpfte, halfen ihm Bären, Wölfe, Leoparden, Tiger, Adler, Fasane und Falken. Er hatte drei Schlachten zu schlagen, bevor er den Sieg davontrug.[26] Um sich die

Regierungsgewalt zu verdienen, mußte *Huangdi* die Dekadenz des *Shennong* bekämpfen. Erst dann konnte er die Ordnung unter den Menschen herstellen und den vier Himmelsrichtungen eine Regel auferlegen. Aber *Huangdi* mußte noch anderen Feinden die Stirn bieten, darunter *Chiyou,* einer seiner Minister. *Chiyou* der Rebell, ein gehörntes Ungeheuer des Windes, entfesselte eine Sintflut, indem er *Kongsang* (Hohler Maulbeerbaum) angriff.[27] Die Überlieferung berichtet, daß *Huangdi* den Sieg über seinen Minister davontrug, weil der geflügelte Drache und die Himmelstochter ihm zu Hilfe kamen. Um *Chiyou* in Schrecken zu versetzen, stieß *Huangdi* – indem er in sein Horn blies – den Drachenruf aus, denn nur die schöpferische Kraft des Drachen würde es erlauben, mit dem Angreifer fertigzuwerden, ein furchterregender Krieger, der die Fähigkeit besaß, sich 72 oder 81 Mal zu vervielfältigen. Als *Huangdi* seinen untreuen Minister tötete, floß das Blut mehr als hundert Kilometer weit. Die Schlacht zwischen *Huangdi* und *Chiyou* war seitdem Bestandteil der chinesischen Riten. Man inszenierte die Geschichte des Ahnen regelmäßig in Form von Tänzen und Pantomimen, um so die Gültigkeit seiner Heldentat immer aufs Neue zu sichern.

Es wird erzählt, daß *Chiyou,* eine teuflische und schrekkenerregende, kahlköpfige Gestalt, acht Arme und acht Füße hatte. Sein Mythos wird oft mit dem von *Guafu* in Verbindung gebracht, einem Wesen, das mit zwei gelben, von den Ohren herabhängenden Schlangen und zwei gelben Schlangen in den Händen dargestellt wird.

Als aus den Tiefen der Berge das Wasser und das Metall hervortraten, entstand unter dem Stoß des *Chiyou* die Kunst des Metallgießens. *Chiyou* bearbeitete das Metall und fertigte daraus Schwerter, Rüstungen und Lanzen. Seit der Xia-Dynastie opferte man ihm als dem Erfinder der Waffen und als Gott des Krieges.

Im Meer des Ostens gab es ein seltsames Tier. Es hatte das Aussehen eines Ochsen mit grünem Körper, aber ohne

Abb. 2 Guafu verfolgt die Sonne

Hörner, und mit nur einem Fuß, der nach hinten gedreht war.[28] An anderer Stelle hieß es, es habe ein Menschengesicht, einen Affenkörper und die Fähigkeit zu sprechen, oder man dichtete ihm Drachenhörner oder Schuppen an.

Der *Kui* (Abb. 3) ist eine furchtbare Kreatur, die Regen, Wind und Dürre erzeugen kann und in ihrem Glanz der Sonne gleicht. *Huangdi* bemächtigte sich des *Kui* und machte aus seiner Haut eine Trommel. Aber *Kui* ist auch der Name eines Ministers des Fürsten *Shun*, ein guter Musiker,

Abb. 3 Kui-Motiv

dessen magische Fähigkeiten es ihm erlaubten, die hundert Tiere zu beherrschen und sie tanzen zu lassen. Dem Tanz wohnt eine magische Kraft inne, in der sich die Macht der Götter verkörpert und immer aufs Neue lebendig werden kann.

Die Frau des *Kui* (die Schwarze Gattin), hat leuchtende Haare. Ihr Sohn, der Große Eber, wird als ein behaartes Wesen beschrieben, das auf dem Kopf ein Wildschwein trägt. Derartige Vermischungen von Mensch und Tier zeugen von einer Zeit der Verwirrung, wo die Gestalt der Wesen nicht festgelegt war, weil keine Kategorien existierten und die Bindung an das Göttliche sehr eng war.

Huangdi ist – wie sein Minister *Chiyou* – vor allem ein Schmied. Er selber goß einen Dreifuß. Als das Werk fertig war, stieg ein Drache herab, um es zu ergreifen und es als Zeugnis der Teilhaberschaft des Menschen an der Schöpfung in die Himmel und zu den Göttern hinaufzutragen. Die Schmiede waren bekanntlich wichtige Persönlichkeiten, weil sie sich zu Herren über die Elemente erhoben und einen Vorgang beherrschten, der mit dem der Zeugung verglichen wurde. Bei den Bobos in Afrika zum Beispiel werden sie noch heute wegen ihrer magischen Fähigkeiten gefürchtet und verehrt. Ihre Kunst der Verschmelzung und Verwandlung des Metalls erhebt sie auf die Ebene der Götter und bringt sie mit jenen geheimnisvollen Kräften in Verbindung, die die Menschen regieren.

Abb. 4 Cangjie, dargestellt mit zwei Augenpaaren, die ihm erlauben, gleichzeitig den Himmel und die Erde zu sehen.

Um die Welt einzurichten und Platz für den Menschen zu schaffen, begann *Huangdi* damit, die Wälder niederzubrennen, die wilden Tiere zu jagen, Behausungen zu bauen, und die Menschen das Weben zu lehren, während seine Gattin die Seidenraupenzucht einführte. Auch gilt er als Erfinder und Gott des Ofens. Die Schrift ist, so die Überlieferung[29], das Werk seines Ministers *Cangjie* (Abb. 4). Praktisch hat dieser die ersten Schriftzeichen entworfen, indem er die von Vögeln und anderen Tieren auf dem Boden hinterlassenen Spuren beobachtete und nachahmte.

Huangdi dressierte Bären, Leoparden, Panther, Luchse und Tiger[30] und fuhr in einem von zwei Drachen gezogenen Wagen, dem Tiger und Wölfe vorausgingen und die Geister nachfolgten.[31] Der Beschreibung nach hatte er ein Drachengesicht, seine Soldaten soll er mit Tiernamen angesprochen haben. *Huangdi* selbst wird als ein zweideutiges, halbmenschliches Wesen vorgestellt, das auch an der Natur des

Tieres teilhat. Diese Affinität zwischen Menschen und Tieren, die auf gleicher Stufe und von gleichem Wert gesehen wurden, als wären sie durch Verwandtschaftsbande vereint, bezeugt den sakralen Charakter der Vorstellungen. Kurioserweise wird *Huangdi,* wie viele andere Gestalten der chinesischen Mythologie auch, häufig mit nichtchinesischen Volksstämmen der Grenzgebiete in Verbindung gebracht, als würde die Überlieferung sich weigern, all diese übernatürlichen, für die Ursprünge kennzeichnenden Wesen anzuerkennen, so sehr sie auch aus ihrem eigenen kulturellen Grund hervorgegangen sind. Man kommt zu der Frage, ob diese Verbindung zu den nichtchinesischen Völkern nicht einen tiefen Einfluß dieser Völker auf die chinesische Welt anzeigt, so daß sie einen Teil ihrer volkstümlichen Eigenheiten auf sie übertragen haben könnten.

Unter den Nachkommen des *Huangdi* wird *Shigun* als Ahnherr der Di-Barbaren bezeichnet[32], *Yuhu* und *Yujing* als »die Götter der Meere des Ostens und des Nordens, mit einem menschlichen Gesicht, einem Vogelkörper und blauen oder gelben Schlangen, die an ihren Ohren aufgehängt sind, während sie auf zwei anderen blauen und gelben Schlangen stehen.« Die Bronzeinschriften bezeichnen *Huangdi* als den Ahnherrn der Zhou, ein Volksstamm Westchinas, dessen Kerngebiet das Wei-Tal war (Gebiet des heutigen Xi'an.).

Während gewisse Gestalten aus der Reihe der Herrscher die chinesische Literatur besonders geprägt haben, indem sie deren Auslegung stützen, werden andere nur kurz angedeutet. Dies gilt für *Shaohao,* der auf *Huangdi* folgte. *Das Buch der Berge und Meere* spricht kaum von ihm, außer um auf »Leute mit einem einzigen Auge in der Mitte der Stirn, Nachkommen des *Shaohao*« hinzuweisen. *Shaohao* wurde aus einem großen Stern in der Form eines Regenbogens geboren, der über seiner Mutter stand. Die Überlieferung schreibt ihm eine Regentschaft von hundert Jahren und die Erfindung von Pfeil und Bogen zu.

Auf *Shaohao* folgte *Zhuanxu*. Mit Schild und Speer in den Händen von einer Wassergöttin geboren, wurde er mit zwanzig Jahren Kaiser und regierte achtundsiebzig Jahre lang. Drei seiner Söhne waren Dämonen, Geschöpfe mit drei Köpfen und einem einzigen Arm. Er hatte aber auch einen guten Sohn, *Kun*, dem ein unglückliches Schicksal bestimmt war. Ihm begegnete Kaiser *Yao*, als dieser einen Mann suchte, der in der Lage wäre, den Überschwemmungen Einhalt zu gebieten. *Yao* hatte gewisse Zweifel an den Fähigkeiten des *Kun*, ging aber das Wagnis ein, ihn anzustellen. *Kun* strengte sich neun Jahre lang an, um sich seiner Aufgabe gewachsen zu zeigen, aber es gelang ihm nicht. Als *Yao* die Sache dem *Shun* übertrug, war *Kun* furchtbar neidisch auf ihn. Er rebellierte. Der Mahnung, bei Hofe zu erscheinen, gehorchte er nicht, sondern vagabundierte im Lande umher. Darauf verbannte ihn *Shun* auf Befehl des *Yao* auf den Berg der Vögel und tötete ihn. Es brauchte drei Jahre, bis seine Leiche verfault war. Eulen und Schildkröten teilten sie sich. *Kuns* Geist verwandelte sich in einen gelben Bären. Auch sprechen die Texte von einer Verwandlung in einen Fisch. *Kun* besaß, wie *Huangdi*, eine doppelte Natur.

Das Eindämmen der Wasser war eine Aufgabe, vor die alle Heroen gestellt wurden und die über ihre Tauglichkeit entschied. Daß *Kun* bei seiner Mission gescheitert war, lag daran, daß er sich einer bequemen Lösung bedient hatte, indem er die Ländereien des Herrschers der Höhe entwendete, um Deiche zu bauen, obgleich seine Weisheit ihm ein ganz anderes Vorgehen hätte diktieren müssen.

Ihm folgte *Diku* (auch *Gaoxin* genannt). Von diesem Herrscher weiß man, daß er zwei Söhne hatte, unter denen Zwietracht herrschte. *Gaoxin* schickte sie in zwei verschiedene Provinzen und betraute den ersten mit dem Kult des Sternbildes *Shen*[33], den zweiten mit dem Kult des Sternbildes *Zhen*.[34]

Alle Texte sprechen von dem unter dem Namen Taotang bekannten Herrscher *Yao*. Dieser war das Musterbeispiel des weisen Herrschers, der dank seiner Tugend regierte. Er wurde von einem roten Drachen gezeugt, der seine Mutter befruchtete. Sie ging vierzehn Monate mit ihm schwanger. *Yao* regierte von seinem zwanzigsten Lebensjahr an. Als guter Krieger bildete er die Di-Stämme des Nordens aus.[35] Obgleich er zwei Söhne hatte, erwählte er keinen von ihnen zu seinem Nachfolger.

Nachdem er dreiundsiebzig Jahre regiert hatte, entschied er sich für *Shun*, einen seiner Minister. Dieser bestieg auf Befehl *Yaos*, der ihm seine zwei Töchter als Frauen gab, mit dreißig Jahren den Thron. *Shun*, der durch die Gnade eines erleuchteten Herrschers aus einer sehr bescheidenen Stellung zu höchsten Ämtern gelangt war, wird – wie *Yao* – in der chinesischen Literatur häufig und gern als Beispiel für ein vollkommenes Herrschertum angeführt. Dennoch sind ihre Biographien sehr kurz.

Ganz anders bei *Yu*, einem Herrscher, den die Überlieferung einstimmig als eine halb historische Persönlichkeit anerkennt. Er wurde geboren als Enkel des *Zhuanxu* und Sohn des *Kun*, nachdem seine Mutter Lotussamen gegessen hatte. *Yu* regierte fünfundvierzig Jahre und gründete die erste Dynastie, die Xia-Dynastie, etwa im 23. Jahrhundert v. Chr. Wie das Trio *Fuxi*, *Nügua* und *Shennong* besitzt er gleichzeitig menschliche und tierhafte Züge: den Schnabel eines Vogels mit langem Hals, den Körper einer Schlange und einen menschlichen Kopf, und, wie es heißt, Ohren, die dreifach durchlöchert sind. *Shun* hatte ihm den Namen *Sikong* (Minister der öffentlichen Arbeiten[36]) gegeben. Er schritt zunächst die Welt ab, um die neun Provinzen einzugrenzen; dabei blieb er acht Jahre lang von zu Hause fort. Seine Ausdauer war derart, daß er, obgleich er dreimal an seinem Haus vorbeikam, es nicht betrat, um nichts von seiner wertvollen, für die Durchführung seiner Mission erforderlichen Zeit zu verschwenden. Er besuchte zahlreiche Gegenden und gelangte bis zu dem Land der Schwarzen Zähne. Im Süden besuchte er das Geflügelte Volk, das Volk der Nackten und das Land der Unsterblichen. Im Westen ging er bis zum Land Sanwei (die drei Gipfel), um das Volk zu besuchen, das sich von Tau und Luft ernährte, und jene, die nur einen Arm und drei Gesichter haben. Im Norden erreichte er das Land der Rong.[37]

Vom Herrscher der Höhe beauftragt, die Erde in Ordnung zu bringen und gegen die Flut zu kämpfen, handelte *Yu* mit Augenmaß und Klugheit. Im Gegensatz zu *Kun* versuchte er nicht, die Wasser einzudämmen: Er arbeitete daran, sie abfließen zu lassen. Dies war eine lange Arbeit, bei der er sich in einen Bären verwandelte und den Longmen-Durchfluß[38] schuf, durch den die Wassermassen abflossen. Er hob die Stromschnellen von *Liulang* aus und baute den Berg der aufeinandergetürmten Steine.[39] Eine Schildkröte entstieg den Wassern, um ihm bei seiner Aufgabe zu helfen, und ein Drache eröffnete einen Weg für das Wasser, indem er Zeichnungen in den Boden ritzte.

Wenn *Yu* Erfolg hatte, wo sein Vater versagte, so deshalb, weil er es verstand, die Ordnung der Natur zu respektieren, anstatt sie zu verletzen. *Yu* selbst war Schmied. Die Überlieferung berichtet, er habe aus dem aus fernen Gegenden mitgebrachten Tribut sowie mit den Emblemen der Volksstämme dieser Gegenden neun Kessel – glückbringende Symbole des Königtums – gegossen. Woraus diese Embleme, von denen die Texte sprechen, bestanden, ist nicht bekannt. Möglicherweise handelt es sich um ikonographische Motive, die man auf den chinesischen Bronzen findet. Nachdem die neun Kessel des *Yu* durch die Könige von Dynastie zu Dynastie bewahrt und weitergereicht worden waren, sollen sie in einen Fluß geworfen worden sein, um zu verhindern, daß der Qin-Kaiser Shi sich ihrer bemächtige. Die neun Kessel hat man zwar nicht wieder auffinden können, doch wurden genügend andere Bronzegefäße entdeckt, die eine Würdigung der mehr als 2000 Jahre v. Chr. entstandenen Gußtechnik gestatten. Die Bronzen tragen die grundlegenden Züge einer Tiersymbolik, in der das Motiv des *Kui* (Drache mit einer Pfote) (Abb. 5 und 6) mit dem *Taotie* (Vielfraß) abwechselt; wir sehen halb menschliche und halb tierische Kreaturen, eindrucksvolle und unheimliche Mischwesen, Zeugen einer vergessenen Vorzeit, als Menschen und Tiere noch eins waren.

Abb. 5 Schmuckmotiv. Zwei einander zugekehrte Drachen (Shang-Zeit).

Abb. 6 Schmuckmotiv. Zwei einander zugekehrte bzw. voneinander abgewandte Damhirsche. Paiwan auf Taiwan.

Gonggong, dem gehörnten Ungeheuer, war es gelungen, mit einem einzigen Stoß seiner Hörner den Pfeiler des Berges Buzhou zu erschüttern und damit den Himmel zum Kippen zu bringen. Als *Yu* zum Kampf gegen ihn antrat, stellte sich ihm ein Vasall des *Gonggong* entgegen, der neun Köpfe und den Körper einer Schlange besaß und mit seinen neun Köpfen gleichzeitig auf neun Bergen zu essen pflegte. Was er wieder erbrach, bildete Quellen und Sümpfe. Das war eine echte Seuche. Bis dahin hatte die Erde unter der Herrschaft des *Gonggong* gestanden. *Zhuanxu* hatte bereits gegen ihn gekämpft, und *Gonggong* mußte fliehen.[40] Wutentbrannt hatte er sich am Pfeiler des Himmels gerächt und die Flut ausgelöst. Die Gestalt des *Gonggong*, die in mehreren Werken mit Menschengesicht und Schlangenleib dargestellt wird, bleibt ein Rätsel. Bernhard Karlgren vermutet[41], daß *Gonggong* der Name eines Würdenträgers gewesen sein könnte, der später in Gebrauch blieb, um ein Amt zu bezeichnen. *Goulong*, der Sohn des *Gonggong*, bereitete den Boden zur Kultivierung vor und setzte damit das Werk des *Shennong* fort[42], was ihm Anerkennung als *Houtu*, Erdenherrscher und Gott des Ackerlandes, verschaffte.

Yu ist immer mit dem Vogel und dem Bären assoziiert worden. Er hatte die Fähigkeit, sich in den einen oder in den anderen zu verwandeln, indem er seine Flügel nach Art des Vogels ausbreitete oder tappsig mit aufgerichtetem Hals ging, um das Verhalten des Bären nachzuahmen. Als er gerade die Gestalt eines Bären angenommen hatte, kam zufällig seine Frau hinzu, die vor Schreck auf der Stelle in einen großen Stein verwandelt wurde, aus dem etwas später ihr Sohn *Qi* geboren wurde, nachdem *Yu* den Stein mit seinem Säbel entzweigeschnitten hatte. Der berühmte »Schritt des *Yu*« ist in die Nachwelt eingegangen als ein ritueller Tanz, der Bestandteil verschiedener Zeremonien und schamanistischer Praktiken ist, zu einer Geheimsprache geronnen, die es dem Besessenen erlaubt, mit der Gottheit in Verbindung zu treten.

Yao, Gebieter und Meister des Kalenders, übte seine Macht durch die Vermittlung des Paares *Xi* und *He* aus, das ihm half, die Zeitrechnung einzurichten und die Bewegungen von Sonne und Mond zu berechnen. Den beiden wird die Tradition von *Yin* und *Yang* zugeschrieben[43], und man betrachtet sie als die Schutzpatrone der Wahrsager.

Was man über das Paar *Xi-He* weiß, stammt aus den *Annalen Chinas*[44], die sie als Beamte des *Yao* vorstellen. Das Paar *Xi-He* kann in Gestalt einer Gruppe von vier oder sechs Personen erscheinen. *Yao* behielt den ältesten *Xi* und den ältesten *He* bei sich und schickte die anderen in die vier Himmelsrichtungen. Der jüngste *Xi* wohnte im Osten und war für den Frühling zuständig. Der mittlere *Xi* wohnte im Süden und war für den Sommer zuständig. Der jüngste *He* wohnte im Westen und war für den Herbst zuständig. Der mittlere *He* wohnte im Norden und war für den Winter zuständig. Jeder von ihnen verwaltete eine Sonnenwende oder eine Tagundnachtgleiche. Ob zwei, vier oder sechs, *Xi-He* ist die Sonne[45] und zugleich die göttliche Mutter und Lenkerin der Sonne. Die Sonne oder die Sonnen, ihre Söhne, sind lebende Wesen, die aber soviel Hitze freisetzen, daß davon die Metalle schmelzen und das Gestein sich verflüssigt. Die Mutter der Sonne oder der Sonnen wäscht diese jeden Tag, damit sie ihren Glanz bewahren. Die Mutter von *Xi-He*[46] ist nicht die einzige Gottheit ihrer Art. Sie hat ihre genaue Entsprechung in *Changxi,* der Mutter des Mondes, die ebenfalls zu Beginn des Monats den Mond oder die zwölf Monde wäscht. Die Mutter der Sonnen und die Mutter der Monde haben, heißt es, den gleichen Gatten. Im Laufe ihrer Reise werden Sonne und Mond bisweilen vom Einhorn angegriffen, das sie zu verschlingen sucht und dabei die Erde in Finsternis taucht. So erklärte man sich in China die Erscheinung der Finsternisse, in deren Verlauf die Menschen trommelschlagend und bogenschießend versuchten, das unheilbringende Tier zu jagen, das den Ablauf der Zeit störte.

Die zehn Sonnen halten sich auf dem im äußersten Osten des Himmels befindlichen Baum Fusang oder Fu (Maulbeerbaum) auf. Seine Blätter sind nicht größer als Senfkörner. Im Westen Chinas entspricht ihm der Baum Ruomu mit leuchtenden, roten Blättern, die die Erde erhellen, wenn die Sonne nicht scheint. Diese zwei Bäume sind Metaphern für die Orte, an denen die Sonne aufsteht oder schlafengeht. Oft ist die Rede von Sonnen, die zu lebenden Raben geworden sind und auf ihren Zweigen sitzen. Neun Sonnen halten sich auf den unteren Zweigen des Baumes Fusang auf. Die zehnte befindet sich auf dem obersten Ast. Das Verhängnis wollte es, daß die zehn Sonnen einmal alle zusammen hervortraten und alles auf ihrem Wege verbrannten und zerstörten. In diese bedrohliche Situation mußte *Yi* eingreifen.

Yi der Bogenschütze wird in zahlreichen Werken erwähnt. Er ist ein großer Jäger, und man schreibt ihm die Heldentat zu, daß er mit seinen Pfeilen neun der zehn unheilbringenden Sonnen zerstörte. *Yi* begnügte sich aber nicht damit, die zehn Sonnen anzugreifen, sondern er schoß auch einen Pfeil auf den Flußgrafen ab und traf ihn ins linke Auge, weil dieser die Menschen ertrinken ließ; und der Windgraf, der für atmosphärische Störungen zuständig war, wurde von ihm am Knie verwundet.

Als Gattin hatte *Yi der Bogenschütze* die Mutter der Monde. Und da man weiß, daß diese und die Mutter der Sonnen den gleichen Ehemann hatten, erscheint er zugleich als Gatte der Mutter der zehn Sonnen, deren mutwilligem Treiben er ein Ende setzte.

Yi der Bogenschütze besaß ein Elixier der Unsterblichkeit, das ihm *Xiwangmu* (die Königliche Mutter des Westens[47]) anvertraut hatte. Dieses Elixiers bemächtigte sich die Mutter der Monde und trank es, fürchtete aber die Reaktion ihres Gatten und flüchtete auf den Mond, wo sie für immer blieb.

Die Pfeile des Bogenschützen *Yi* sind die Austreibungspfeile eines Rächers, der die Weltordnung wiederherstellt. Das Thema der zehn Sonnen ist das des Weltenbeginns. Man findet es in der chinesischen Literatur und Ikonographie wieder, wo es seltsamerweise manchmal mit dem Motiv des Affen verknüpft ist. Unter anderem wird die Legende von einem übernatürlichen weißen Affen erzählt, den die Bogenschützen des Palastes von Jing nicht zu töten vermochten. Der König bat *Yang Youji*, die Sache in die Hand zu nehmen. Dieser durchbohrte dem Affen mit einem Pfeil das Herz.[48] Man weiß aus dem *Ritual der Zhou*, daß es im archaischen China das Amt eines Bogenschützen gab, dessen Aufgabe es war, die Dämonen zu jagen, indem er mit

Pfeilen auf sie schoß. Dieser Mythos vom Bogenschützen und den Sonnen ist nicht auf China beschränkt. Schon Maspero hat bei den weißen Tai von Annam ein ähnliches Motiv gefunden.[49] Die Paiwan auf der Insel Taiwan erzählen ebenfalls die Geschichte von zwei Sonnen, die zur gleichen Zeit die Erde beschienen, und deren verheerendes Feuer die Menschen daran hinderte, bei Tag aus dem Haus zu gehen und zu arbeiten. Ein Mann schoß einen Pfeil auf eine der zwei Sonnen, die sich durch die Verwundung in den Mond verwandelte.[50] Und bei den Qiang in Sichuan[51] existiert ein Richter-Bogenschütze, der die Berggespenster unter Kontrolle hält (Abb. 7).

Ähnlich wie *Yao* das Paar *Xi* und *He* eingesetzt hatte, so hatte *Zhuanxu*, ein anderer Herrscher, schon zuvor *Zhong* und *Li* eingesetzt, und zwar den ersten als Leiter des Himmels, den zweiten als Leiter der Erde. *Shaohao*, heißt es im *Buch der Berge und Meere*, hatte vier junge Brüder. Der eine von ihnen, *Zhong*, wurde *Goumang*, der Genius des Ostens. *Zhuanxu* hatte einen Sohn, *Li*, der *Zhurong*, der Genius des Südens wurde.

Diese Legende von *Zhong* und *Li* hat unter den *Zhou* eine wichtige Rolle gespielt. Sie muß mit irgendeinem Ahnenkult in Beziehung stehen. Unter den Han wurden die zwei Brüder – nach dem Vorbild von *Xi-He* – zu einer Person.[52] Aber man spricht auch von neun Li, Rebellen unter der Regierung von *Shaohao*, die eine Verwirrung zwischen Menschen und Göttern stifteten, und von fünf Heroen, die den vier Himmelsrichtungen und dem Zentrum vorstanden.

Die Trennung von Menschen und Göttern war die Tat von *Zhong* und *Li*. Wie es in der *Abhandlung über die Fürstentümer*[53] heißt, überließen die Menschen ursprünglich die Sorge für den Kult und damit die Kommunikation mit den Geistern den Beamten, die dafür zuständig waren. Aber zur Zeit des *Shaohao* waren die Sitten verdorben, und das Volk verlegte sich darauf, die Geister ohne Sinn und Zweck anzurufen und auf die Erde herabsteigen zu lassen, so daß

Abb. 7 Der mythische Bogenschütze im Zentrum der Sonne. In Yunnan entdeckte Felsenmalerei.

die Beziehungen zwischen den Menschen und den Göttern in Unordnung gerieten. *Zhuanxu* setzte diesem Zustand ein Ende, indem er *Zhong* und *Li,* die Sonnenheroen, die den Abstand zwischen Himmel und Erde wiederherstellten, in ihre Ämter einsetzte.

Eine Legende der Paiwan erzählt, daß der Himmel ursprünglich sehr niedrig war. Eine Frau namens *Lumeng,* ein übernatürliches Wesen, entstieg, mit einer göttlichen Mission betraut, der Erde. Beim Hirsestampfen, verletzte sie mit ihrem Stößel den Himmel und stieß ihn nach oben. Damit hatte sie das Problem der Menschen gelöst, verlangte aber als Gegenleistung sehr große Opfer. Die symbolische Funktion des Stößels, des Weltpfeilers, findet sich wieder in den Mittelpfosten der paiwanischen Häuser, die mit Schnitzereien von Menschen- und Tiermotiven versehen sind, heilige Darstellungen des Weges, der zu den Göttern führt.

In einer philippinischen Erzählung sind das Paar *Zhong-Li* und *Yi der Bogenschütze* miteinander verknüpft. Am Anfang der Zeiten war der Himmel so niedrig, daß es möglich war, ihn mit einem Bambusrohr zu berühren. Die Erde war glühend heiß. Ein Riese namens *Maykapal,* der unter der Hitze litt, hob den Himmel an. Noch immer war es sehr heiß. Die Sonne hatte zwei Augen. *Maykapal* stach eines aus. Dann säte er Getreide, riß die Wolken auf und ließ es regnen. Wenig später bedeckte sich die Erde mit Pflanzenwuchs.[54]

Schließlich findet man noch bei den Maori Neuseelands eine Version von der Trennung von Himmel und Erde, die den geschilderten Mythen recht nahe kommt. *Rangi,* der Himmel, und *Papa,* die Erde, hatten Kinder, die sie so eng zwischen sich eingequetscht hielten, daß diese aus Luftmangel versuchten, ihre Eltern zu trennen, indem sie den Vater *Rangi* von der Mutter weg nach oben stießen. Die getrennten Eltern begannen zu weinen. Der nun fallende Regen stammte von den Tränen des Vaters, und der Nebel, der von der Erde aufstieg, stellte die Liebe der Mutter zu ihrem Gatten dar.

Die Ungeheuer

Abgesehen von den Gestalten weiser Herrscher und Heroen ist die chinesische Literatur auch bevölkert von unheilstiftenden Wesen, schrecklichen Ungeheuern, die halb Mensch und halb Tier, die Arbeit der weisen Herrscher und Heroen stören und die Ordnung der Welt bedrohen.

Ein Beispiel dafür ist die Geschichte von den Drei Miao. Ob sie Rebellen oder Ungeheuer waren, ist schwer zu entscheiden. In der Literatur der Vor-Han-Zeit handelte es sich im wesentlichen um Ungeheuer und verdorbene, schreckenerregende Wesen, während sie in der späteren Literatur in einem anderen Licht erscheinen – als Beamte, die sich gegen die herrschende Macht auflehnen und dafür bestraft und verbannt werden.

Wer sind die Drei Miao oder Ausgestoßenen? Ein Han-Kommentator nennt in seiner Aufzählung *Qiongqi*, *Taotie* und *Hundun* ...

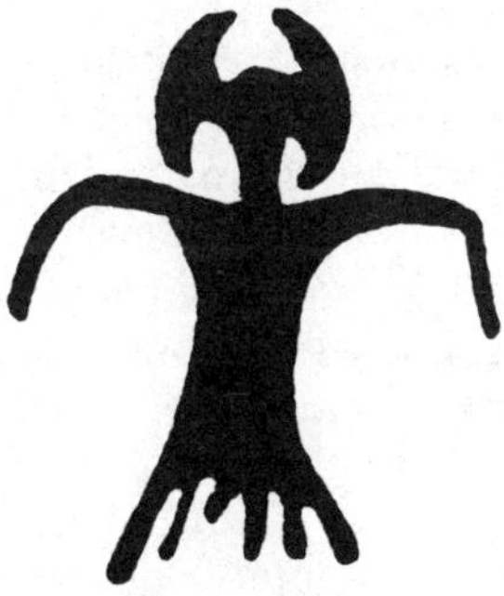

Abb. 8 Gestalt mit menschlichem Körper und Fischschwanz. Felsmalerei aus Yunnan.

Oiongqi der Nichtsnutz, Sohn des *Shaohao*, wird als ein Tier in Gestalt eines Rindes, manchmal auch eines geflügelten Tigers beschrieben, das die Leute mit dem Kopf zuerst auffrißt.[55]

Taotie, der Vielfraß genannt, oder auch *Taowu,* Sohn des *Zhuanxu,* hat ebenfalls das Aussehen eines Tigers, mit zwei Fuß langen Haaren, einem menschlichen Gesicht, einem langen Schwarz und acht Füßen.[56]

Hundun, das Chaos, hat ein menschliches Gesicht, einen Vogelschnabel und ernährt sich von Fisch. Er hat weder Angst vor dem Wind, noch vor dem Regen, noch vor wilden Tieren, noch vor dem Tod. Man sagt, er sei ein Minister des *Yao* gewesen. *Hundun* ist auch ein göttlicher Vogel mit vier Flügeln und sechs Füßen, ohne Gesicht und Augen, und er hat keine einzige der sieben Öffnungen, die dem Menschen das Sehen, das Hören, das Essen und das Atmen gestatten. Man versuchte daher, ihm jeden Tag eine Öffnung zu bohren, aber am siebenten Tag ist er daran gestorben.[57]

Es wird im allgemeinen angenommen, daß *Gonggong* mit *Qiongqi, Taowu* mit *Kun* und *Taotie* mit *Hundun* gleichbedeutend sind. *Qiongqi* wurde in den Norden nach Yuzhou verbannt, *Hundun* nach Zhongshan, die Drei Miao nach Sanwei und *Kun* (oder *Taowu*) auf den Yushan (den Federberg[58]). Sie alle wohnen in wüsten, unkultivierten und sumpfigen Gebieten, den Randgebieten der Welt. Von den Drei Miao sagt man, daß sie nahe dem See Dongting in Hunan leben. Es war *Shun,* der sie nach Sanwei[59] verbannte, und als sie verbannt werden sollten, regnete es Blut. Im Sommer gab es Eis. Im Frühling brach die Erde auf. Heraus kam ein blauer Drache, und die Sonne begann, in der Nacht zu scheinen.[60] Gewisse Überlieferungen schreiben ihre Bestrafung jedoch *Yu* zu, der sie durch einen Federtanz unterwarf.[61] Die Werke der Mythologie beschreiben die Drei Miao[62] als geflügelte Menschen, die ein Gesicht, Augen, Hände und Füße besitzen; manchmal werden sie auch als Eule mit drei Körpern beschrieben, da es auf dem Berg Sanwei, dem Ort ihres Exils, einen Vogel mit einem Kopf und drei Körpern gibt. Die Drei Miao indessen fliegen nicht. Sie verschlingen Menschen, sind ausschweifend und kennen kein Gesetz.

Man hat sich oft gefragt, ob der Name »Miao« nicht der Name eines Volksstammes sei. Gewisse Werke[63] sprechen von »den Miao, die nicht unterworfen waren«, die aber *Yu* unterwarf, nachdem er drei Jahre lang Tugend geübt und mit Schild und Speer in der Hand getanzt hatte.[64] In welchem Maß können diese Ungeheuer, die in den Grenzgebieten der archaischen chinesischen Welt lebten, in Beziehung zu den Barbaren der vier Meere, Man, Yi, Rong und Di, stehen? Als Tiermenschen sind diese Wesen oft als die Ahnen jener Barbaren vorgestellt worden. Der Vielfraß *Taotie* ist außerdem ein bevorzugtes Motiv in der Ikonographie des alten China. Er erscheint auf den Bronzekesseln der Xia, die Augen unter den Achselhöhlen, ein Motiv, das in gleicher Form in der Kunst mehrerer anderer Volksstämme des chinesischen Kontinents, Nordamerikas, Zentralamerikas und des pazifischen Raumes auftaucht.

Bleibt noch, einen berühmten Ort der mythologischen Geographie vorzustellen: den Kongsang oder hohlen Maulbeerbaum, der sich im Norden des Staates Lu (Shandong) befindet.

Kongsang oder Fusang ist der Baum des Ostens, der Ausgangspunkt für die Aktivität des *Yang*. Durch den hohlen Maulbeerbaum steigt die Sonne zum Firmament auf. Der Wohnort der Sonne oder der zehn Sonnen oder ihrer Mutter ist das Tal des Aufgangs. Auch ist es eine königliche Residenz. *Huangdi,* der erste Herrscher, weilte dort. Der hohle Maulbeerbaum ist eng verknüpft mit dem Maulbeerbaumwald, wo *Yi der Bogenschütze* mit dem Großen Wildschwein kämpfte, und es ist der Ort, den *Chiyou* angriff, als er die Flut auslöste. Der hohle Maulbeerbaum ist der östliche Gegenpol zum hohlen Kiribaum (Paulownia/Kongtong) des Westens. Bäume, aber auch Berge dienen der Sonne als Unterschlupf und sind die Wohnsitze der Herrscher. Der Kongsang steht, wie die Mingtang wahrscheinlich in einem Bezug zu archaischen Überlieferungen. Er erscheint als eine Art unterirdisches Versteck, vielleicht die Behausung der ersten Einwohner. Der Kongsang gehört zu den Orten, wo die heiligen Mächte sich gern manifestieren. Es ist auch der Name eines Tanzes. Als musikalisches Sinnbild[65] ermöglicht es der Tanz, die Macht und die besonderen Eigenschaften des Stammes zu bewahren. Aufgeführt zu Ehren des Ahnherrn heiligt er den Ort und stellt die Natur in den Dienst der Gestaltung der Welt.

II

Das Verhältnis zur Natur
Die Geister und Gottheiten
Das Heilige
Die Magie

Das Naturverständnis

In der Urzeit war dem *Baopu zi (Buch des Meisters, der die Einfachheit umarmt)*[1] zufolge »die Welt ein Paradies, wo der Phönix sich in die Höfe der Häuser setzte und die Drachen sich gruppenweise in den Gärten und Teichen tummelten. (...) Man konnte auf den Schwanz des Tigers treten und die Riesenschlangen in der Hand halten. Die Möwen flogen nicht davon, wenn man die Teiche überquerte; die Hasen und die Füchse wurden nicht von Schrekken erfaßt, wenn man in die Wälder eindrang.« So herrschte am Anfang die Ununterschiedenheit, doch dann wurde alles anders.

Der Mensch fand sich isoliert in den Bergen, umgeben von Schluchten und Sturzbächen; er sah sich konfrontiert mit Problemen des Überlebens, die umso schwieriger waren, als er in technischer Hinsicht ganz auf seine bloßen Hände angewiesen war. In dieser häufig feindseligen und in seinen Augen unwirtlichen, mit ihren Reichtümern geizenden und bedrohlichen Umgebung erkannte der Mensch eine Ansammlung von Gottheiten und Geistern und von okkulten Kräften, die er um seine alltäglichen Bedürfnisse anzurufen beschloß. Denn er war fest davon überzeugt, daß sie in der Lage waren, auf seine materielle und geistige Umgebung einen wohltätigen oder auch unheilbringenden Einfluß auszuüben.

Ohne Werkzeuge und Waffen, die seine Überlegenheit über die wilden Tiere und die Natur hätten sichern können, bildeten diese magischen Kräfte den Schutz und die Garantie für sein Überleben. Da sie schon seit den frühesten Zeiten Ackerbau betrieben, lag für die primitiven Völker der Gedanke sehr nahe, daß das Leben des Menschen und der geregelte Ablauf der Natur in enger Beziehung standen und sich gegenseitig beeinflußten.

Von diesem Gedanken war es nur ein kleiner Schritt zu der Vorstellung, daß es ihnen gegeben war, Glück und Unglück vorauszusehen und durch geeignete Handlungen die verschiedenen Naturereignisse zu beschwören, damit sie zur günstigsten Zeit stattfanden. Die Agrarrituale in allen Ländern lassen sich auf diese Weise erklären.

Nun galt es nur noch, sich zwischen dem Himmel und der Erde, diesen zwei weit entfernten und einander entgegengesetzten Regionen, von denen die eine die Menschen, die andere die Götter beherbergte, einen Kommunikationsweg vorzustellen, der die Verbindung ermöglichte. Darum findet man bei zahlreichen Völkern dieselbe Vorstellung von einem Himmelspfeiler, einer zentralen Achse, eines heiligen Raumes, von dem man annahm, daß er einen ständigen Austausch zwischen den zwei Welten garantieren würde. Als Symbol der Wiedergeburt der Menschheit fördert die *axis mundi* deren Fruchtbarkeit und bewahrt ihre Unwandelbarkeit, indem sie ein wenig von der Ewigkeit auf sie herabkommen läßt.

Im archaischen China ist die *axis mundi* in Form eines Loches im Dach des Hauses und später als Holzpfosten in der Mitte des Raumes verwirklicht, an dessen Fuß die für das höhere Wesen bestimmten Opfer und Gebete stattfanden. Mehr oder weniger ausgeprägt findet man sie überall auf der Welt.

Bei den Lukai in Taiwan verkörpert der Lomutan, der geschnitzte Zentralpfosten, den Ahnherrn und Schutzgott der Familie. Er ist dargestellt als eine nackte, von Schlangen umgebene männliche Figur und ist das Symbol der Solidarität, das die Mitglieder der Gruppe eint, weil er zugleich ein Ort des Kultes ist. Der Lomutan ist der Ausgangspunkt für alle Kulthandlungen der Familie und des Stammes.

Auch bei den Paiwan in Taiwan ist der als Schlangenahn geschnitzte Pfosten in allen Häusern anzutreffen. Der Glaube an den Ahnherrn ist in der ins Holz geschnittenen Legende dauerhaft bewahrt.

Abb. 9
Schnitzerei von der Nordwestküste der Vereinigten Staaten.

Abb. 10
Holzschnitzerei, Paiwan.

Abb. 11
Holzschnitzerei, Paiwan.

Abb. 12
Holzschnitzerei, Paiwan.

Abb. 13
Geschnitzter Pfosten, Paiwan.

Abb. 14
Chinesische Skulptur, Shang-Zeit.

Abb. 15
Geschnitzter Knochen, gefunden in Xiaotun (Anyang).

Abb. 16
Holzschnitzerei aus Neuseeland.

Abb. 17
Schnitzerei der Marquis-Inseln.

Das Verhältnis Mensch – Gottheit

Magische Rituale, wie sie in den klassischen Texten erwähnt werden, zählen zu den Praktiken der antiken Religion: Zeremonien und Opfer, um den Regen zu beschwören oder die Dürre zu beenden, Exorzismen, um Dämonen und krankheitserregende Ausdünstungen zu vertreiben, gelegentliche oder regelmäßige, jahreszeitliche oder alljährliche Bitten, die alle Handlungen und Ereignisse des täglichen Lebens betrafen, sind der symbolische Ausdruck einer bestimmten Auffassung von Wirklichkeit, ein Versuch die höheren Mächte einzuschüchtern. Sie sollten dazu gebracht werden zuzuhören, möglicherweise auch einzugreifen, und dadurch ihre Bereitschaft zur Solidarität mit dem Menschen bekunden. Sie sollten ihm erlauben, in Harmonie mit den ihn umgebenden Naturkräften zu leben, die ihn bisweilen unkontrollierbar erschrecken, und sein Überleben und die natürliche Ordnung der Dinge in Frage stellen.

Tatsächlich glaubten die frühen Menschen, daß, wenn sie nach dem Vorbild des Uranfangs in der Lage wären, sich mit den Tieren zu verstehen und sich ihnen zu nähern, dies auch die Nähe zum Göttlichen ermöglichte. Es war, als symbolisierte das Tier eine direkte Verbindung zum Jenseits; so wurden die Tiere von frühester Zeit an als Begleiter der Seelen[2] auf ihrem Weg ins Jenseits aufgefaßt.

Diese mystische Verbundenheit zwischen Mensch und Tier scheint ein besonderes Merkmal der Religion der frühen Jäger zu sein. Sie versteht sich unmittelbar aus den materiellen Lebensbedingungen der ersten Bewohner: Das Aufkommen an jagbarem Wild schien vom Willen des Jägers so unabhängig zu sein, daß dieser sich zwangsläufig vorstellte, eine unsichtbare und launenhafte Instanz teile ihm die für seine Ernährung erforderlichen Tiere zu. Von hier zu der Auffassung, daß die Tiere von irgendeiner

Gottheit geschickt wurden, deren heilige Sendboten sie waren, war es nur ein Schritt, den fast alle Völker der Welt vollzogen, wie aus der Bedeutung des Tiermotivs in den Glaubensvorstellungen hervorgeht. So agieren die Tiere als Mittler zwischen Göttern und Menschen. Ihre doppelte Berufung erlaubt es ihnen, von den Göttern zu den Menschen herabzusteigen und sich von den Menschen wieder auf die Ebene der Götter zu erheben.

Das in den chinesischen Glaubensvorstellungen und in der Kunst allgegenwärtige Tier zeugt von der Bedeutung dieser archaischen Auffassung.

Angesichts einer feindseligen Natur besteht der erste Schritt darin, die Tiere wie in den Zeiten des Paradieses anzunehmen, um sie zu Verbündeten zu machen. Und das ist möglich mit Hilfe von Tanz und Musik. So hat *Shun* unter seinen Ministern einen Musikanten, der die hundert Tiere sich versammeln ließ, indem er auf die Steine schlug. Er stellte damit die Harmonie zwischen Göttern und Menschen her.[3]

Unter den Tributlieferungen an den Herrscher erscheinen Tatzen von Tigern und Leoparden. Sie gelten als Sinnbilder göttlicher Tugend und Macht, die in der Lage ist, die wilden Tiere zu unterwerfen.[4]

Das Pferd, Symbol der Vorstellungskraft, hat die Fähigkeit, auf die Erde herabzusteigen, um den Menschen ins Jenseits davonzutragen. Aus dem *Ritual der Zhou*[5] geht hervor, daß man einer Pferdegottheit *Mazu* ein Pferd opfert. Auch dem Flußgrafen opfert man eines.[6] Als bevorzugtes Tier dieser Gottheiten, als verehrte Hauptfigur des Pferdetanzes, den das *Shanhaijing* erwähnt[7], drückt sich im Pferd der Zusammenhalt zwischen der irdischen und der himmlischen Welt aus.

Das göttliche Band schimmert durch viele Legenden hindurch: *Huangdi* soll *Mingle*, das prachtvolle Pferd mit der schwarzen Mähne gezeugt haben, und *Mingle* das weiße Pferd *Baima*.

Oft mit Vogelattributen versehen, symbolisiert das Pferd den mystischen Flug, den Aufstieg in die Himmel. So soll König *Mu*[8] sich acht wunderbarer Pferde bedient haben, die ihm *Caofu,* sein beispielhafter Kutscher für seine Reise zu *Xiwangmu,* der Königinmutter des Westens, verschafft hatte.

Durch die Verwandlung in ein Tier konkretisiert der Mensch seine Beziehung zur Gottheit. In der chinesischen Literatur finden sich zahlreiche Beispiele dafür, obwohl Tierverwandlungen nicht nur in China vorkamen. Der Tiger zum Beispiel ist das mythische Tier von ganz Südostasien. Der malayische Schamane geht in den Dschungel auf der Suche nach dem Tiger, auf dem er reiten muß, um initiiert zu werden. Auf Java und Sumatra wird das Tier auch mit dem mythischen Ahnherrn gleichgesetzt. Andere Völker kennen andere Identifikationen mit Tieren.

Wenn es der Mensch in dieser Weise auf sich nimmt, seine menschliche Zustandsform aufzugeben, um mit der Welt der Pflanzen und Tiere eine Einheit zu bilden, so deshalb, weil er, zum Affen oder zum Tiger geworden, am Beginn einer Wiedergeburt steht. Der Tiermensch kehrt zu den Ursprüngen zurück und erneuert sich in der mythischen Welt, in der es keinen Unterschied zwischen den Wesen gibt. Es ist die Wiederentdeckung einer Art goldenen Zeitalters, in dem Tiere und Menschen sich mühelos verständigen. Anders gesagt, das tierische Mittlerwesen ist das *alter ego* des Menschen, sein Schutzpatron, der ihm den Zugang zu den Geheimnissen der Zukunft verschafft.[9]

Sobald es zur Verwandlung kommt, werden alle Eigenschaften des Tieres verkörpert. Die Osmose ist vollkommen. *Huangdi* gibt seinen Soldaten die Namen von Tieren.[10] Mit den Namen werden in Wahrheit die Seelen der Tiere auf sie übertragen, so daß sie Macht über ihre Gegner haben würden: »Nehmt ein furchtbares Aussehen an! Seid wie die Tiger, die Bären, die Wölfe und die Drachen![11]« sagte er ihnen damit.

Die Identität des Zauberers

Damit sich die Gottheiten und die Geister in der irdischen Welt manifestieren können, brauchen sie eine Hilfe, ein Gefäß, das sie aufnimmt. Aber nicht jeder Mensch ist imstande, seine Artgenossen gegenüber den göttlichen Mächten zu vertreten. Das Potential dieser magischen Fähigkeit wohnt in Frauen und in Männern gleichermaßen. Wenn die mythologische Rolle der Frau, wie Mircea Eliade bemerkt, weltweit eher reduziert ist, so scheint dies im Falle Chinas und einiger seiner Nachbarn keineswegs zuzutreffen – möglicherweise haben wir es hier mit Spuren matriarchaler Zeiten zu tun. Allerdings prädestinierte der *Yin*-Charakter die Frauen dazu, daß ihnen eher die dunklen Aspekte zugeschrieben wurden.

Die Texte berichten sehr häufig von Zauberinnen. Das *Ritual der Zhou,* ein Kompendium für Verwaltung und Zeremonien, führt unter anderen Ämtern auch das der Zauberin auf. Mehrere archäologische Funde in den Provinzen Gansu, Yunnan und Guangxi bestätigen dies[12] (Abb. 18–20). Ein gutes Beispiel ist eine in Gansu entdeckte Wandmalerei, die auf dreißig Zentimetern Länge und fünfzig Zentimetern Breite eine von zwei Personen durchgeführte Exorzismusszene darstellt. Die Figuren sind schwarz gezeichnet, haben lange Haare, einen viereckigen Körper und gekreuzte Beine, als würden sie eine Tanzbewegung anzeigen. In der rechten Hand halten sie einen länglichen Gegenstand, der an einen Stab erinnert, während ihre linke Hand gegen den Kopf erhoben ist, als wären sie dabei, Zaubersprüche zu intonieren. Die eine Gestalt ist durch ihre Brust eindeutig als weiblich zu identifizieren. Zu ihren Füßen ein schwarzes Rechteck, vielleicht ein Sarg, das zwei Gestalten enthält, in denen man auf den ersten Blick zwei Tiere zu erkennen meint, denn sie scheinen Pfoten zu haben. Die zwei Personen, die sich in Tanzstellung befinden und das charakteristische Attribut der Schamanen schwingen, leiten ganz offensichtlich eine exorzistische Zeremonie. Was uns an dieser Szene wichtig erscheint, ist die Anwesenheit des weiblichen Schamanen.

Das Buch der Riten[13] teilt uns mit, daß man durch einen Zauberer die bösen Geister vom Sarg fernhalten ließ. Der Zauberer war mit einem Pfirsichzweig ausgestattet, während eine zweite Person, der Anrufer, einen Besen aus Schilfrohr hochhielt. Zusammen führten sie die Beschwörung gegen die bösen Einflüsse der Geister durch.[14]

Es ist interessant festzustellen, daß bei den Paiwan, einer der Eingeborenengruppen auf Taiwan, das Pantheon überwiegend weiblich besetzt ist. An der Spitze der Hierarchie steht die Göttin *Muakai,* die Schöpferin der Menschheit. Von ihr hängt das Schicksal der Sterblichen ab. Wenn ein Säugling auf die Welt kommt und lächelt, so ist dies ein Zeichen, daß das Schicksal, das sie für ihn bestimmt hat, gut ist, und daß er es akzeptiert. Mit *Muakai* zusammen wohnt *Salavan.* Sie ist für das menschliche Skelett verantwortlich, während *Lalumutan* die Organe des Menschen herstellt und *Kalaulalu* speziell damit betraut ist, über die Neugeborenen zu wachen. *Muatiuhutiu* wohnt in der Nähe von *Muakai.* Daher hat sie oft Gelegenheit, *Muakai* dabei zu beobachten, wie sie die Menschen herstellt. Man sagt, sie sei so geschwätzig, daß sie *Muakai* oft unterbricht und die Fertigung der Embryos stört. Für die Paiwan ist sie bei weitem die bösartigste unter den Gottheiten, und obwohl sie *Muatiuhutiu* nicht verehren, flehen sie sie zumindest an, nicht die Arbeit ihrer Nachbarin zu stören.

Ob wohlwollend oder bösartig, die Gottheiten sind jedenfalls zum großen Teil weiblich. Dies erklärt zweifellos, daß einer Frau die Aufgabe anvertraut wird, die Feierlichkeiten beim Erntefest zu leiten, die Opfergaben als Dank für die Ernte *Tagoros,* dem höchsten Wesen/dem Himmel, zu präsentieren und Gebete und Bitten an die anderen Gottheiten zu richten, damit sie der Gemeinschaft Glück und Segen bringen. Auch finden wir bei den Paiwan häufiger eine Schamanin als einen männlichen Schamanen, und man kann feststellen, daß der Frau eine bedeutsame Rolle bei der Abhaltung der Kulte und innerhalb der Liturgie zukommt.

Abb. 18 Tänzer. Felsenmalerei aus Yunnan.

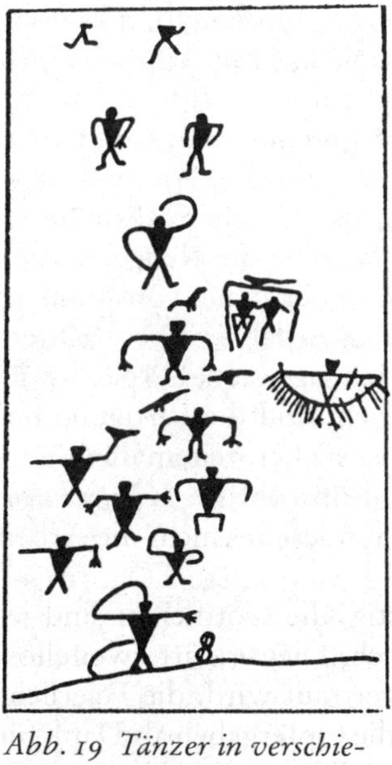

Abb. 19 Tänzer in verschiedenen Posen. Felsenmalerei aus Yunnan.

Abb. 20 Männliche und weibliche Personen beim Tanz oder mit hocherhobenen Schilden dargestellt. Felsenmalerei aus Yunnan.

Tatsächlich weisen die gesellschaftlichen und familiären Strukturen der Paiwan noch Spuren von möglichen matriarchalen Zeiten auf.

Nach den Texten zu schließen, wurden Zauberer und Zauberinnen mit denselben Aufgaben betraut[15] – sie haben z. B. Beschwörungs- oder Anrufungszeremonien zu leiten. Ihre Aufgabe besteht darin, die Geister zum Herabsteigen zu bewegen, damit sie in die irdischen Angelegenheiten eingreifen. Außerdem ist es üblich, daß sie vom *fangxiangshi* begleitet werden: dem Meister der vier Himmelsrichtungen oder Großen Bewahrer, der in den großen, durch den Kalender festgelegten rituellen Zeremonien als Hauptperson auftritt. Nach der Beschreibung im *Ritual der Zhou* ist er in das Fell eines jungen Bären gekleidet, mit vier gelben Augen aus Metall bestückt, die es ihm ermöglichen, in alle vier Richtungen gleichzeitig zu blicken, und er trägt schwarze und rote Gewänder zur Schau. Außerdem trägt er Speer und Schild.

Bei Begräbnissen geht er dem Sarg voraus bis zum Grab, um es zu inspizieren und sich zu vergewissern, daß alles seine Ordnung hat. Wenn dann die Leiche in die Grube gesenkt wird, schlägt er mit seinem Speer auf die vier Ecken, um die bösen Kobolde zu verjagen.

Aus den Beschreibungen geht deutlich hervor, daß die Zauberer sich durch Tanz, durch Trommelschlagen und Flötenspiel in Trance versetzen und mit den Göttern kommunizieren. Der Gott beseelt den Tänzer, auf daß dieser das Leben, die Kraft, den Zusammenhalt und die Ordnung der Welt erneuere. Gott und Tänzer werden eins. Die himmlische Energie überträgt sich auf den tanzenden Menschen. Wenn *Yu der Große,* der Heros, der die Welt einrichtete, den Fasanentanz aufführt, wird er als hinkend beschrieben, weil er nach Art des Vogels hüpft. In diesem Augenblick ist er kein anderer mehr als der Fasan, der Gott.

Ein Tanz findet mit Schild und Speer in der Hand statt. *Shun* trägt Federn und hält Schild und Beil, wenn er tanzt,

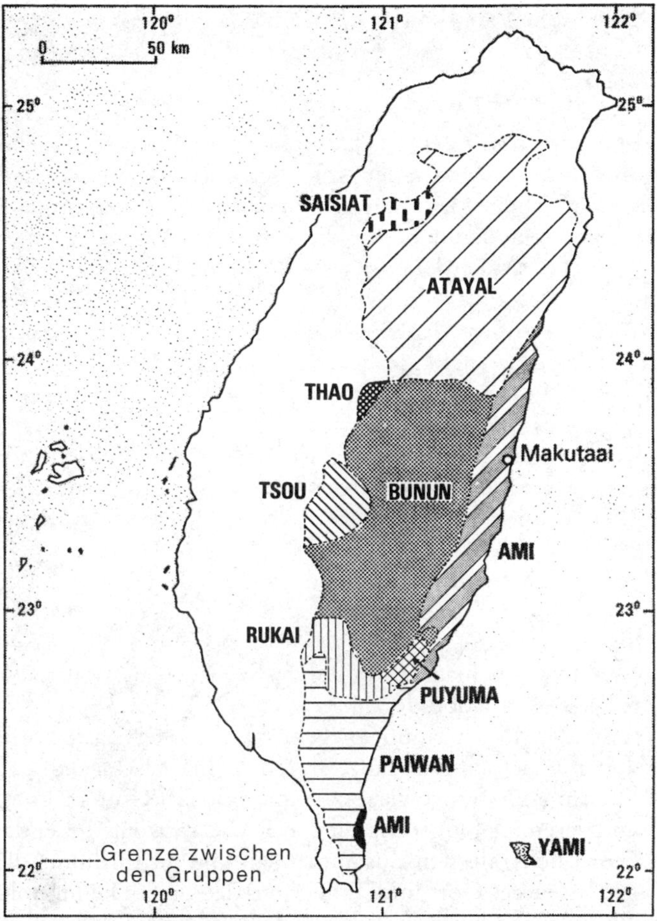

Karte 3. Verteilung der verschiedenen Eingeborenengruppen in Taiwan 1964.

um die Drei Miao zu bestrafen. Und auch wenn *Huangdi* seinen eigenen Bruder *Shennong* bekämpft, geschieht dies durch den Tanz.[16]

Haus der Paiwan (Eingeborenengruppe auf Taiwan, die zur Minderheit der Gaoshan zählt). Tür mit geschnitzten Menschen- und Tiermotiven. Dorf Sandi, Präfektur Pingdong.

Bronzegefäß mit menschlichen Motiven. Auf den Griffen ist das Kui-Motiv zu erkennen. Gefunden in Hunan. Datiert 13.–9. Jh. v. Chr.

Zentralpfosten eines Paiwan-Hauses. Dorf Sandi, Präfektur Pingdong.

Totem der Paiwan. Dorf Majia, Präfektur Pingdong.

Alte Paiwan-Frau. Dorf Majia, Präfektur Pingdong.

Der Schlangenahn der Paiwan, dargestellt auf einem Fries.

Holzschnitzereien der Paiwan.

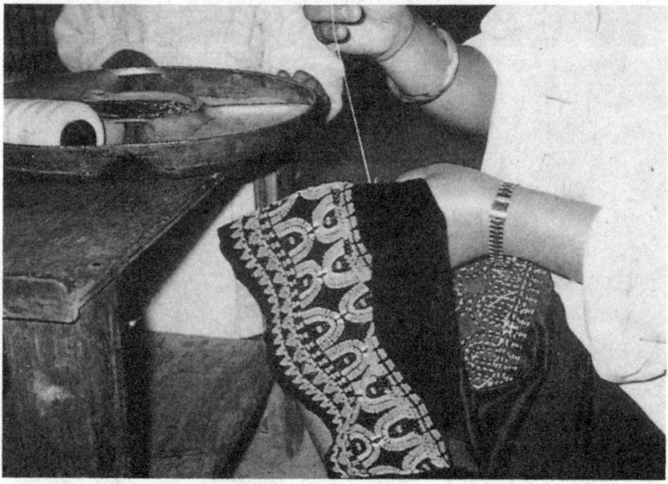

Stickerei der Paiwan.

Als Werkzeug des göttlichen Willens und Hüter der höchsten Macht symbolisiert der Tanz, der dem Menschen den Weg bis in den Tierzustand ebnet, die geheimnisvolle Bruderschaft des Tieres mit der himmlischen Welt. Darum sind die Tänze oft von Schreien, Schluchzen oder Gesängen begleitet, und darum ist es auch richtig, daß »der Zauberspruch zugleich den Charakter des Befehls und der Bitte haben kann«.

Außerdem wird das Wesen der Götter durch die Maske als Instrument der Verwandlung auf den Menschen übertragen. Diesen Glauben finden wir in zahlreichen Kulturen wieder.

Bei den Eskimos gibt sie getreu das Bild des Verstorbenen wieder. Der Geist des Toten kann weiterleben, indem er sich in den gleichnamigen Träger seiner Darstellung begibt. In Brasilien verkörpern die Masken alle von den Vorfahren ausgerotteten Dämonen. Bei den Irokesen haben sie, in Miniaturformat, die Bedeutung von Talismanen. Bei den Peruanern stellen sie eine ihrer Gottheiten dar: die Eule. Bei den Sibiriern sind sie allen Ausdrucks entblößt und bilden einen Schutz, einen zwischen zwei Welten aufgestellten Schutzschirm. In Ägypten sind alle Gottheiten tiergestaltig, und zum Schutz vor der Vernichtung bringt man in der Grabstätte möglichst viele Porträts des Toten an. Bei den Dogon stellen sie einen der Ahnen des Verstorbenen als Schlange dar.

In allen Fällen fungiert die Maske als eine Tarnung, eine Verstellung, die es erlaubt, in der Staffage aufzugehen. Dies ist das magische Rezept für den Zugang zum Jenseits.

In China fehlt es nicht an Hinweisen auf die antike Funktion der Masken. Die im *Ritual der Zhou* beschriebene Person des Bären mit seinen vier Augen aus gelbem Metall erinnert an die Masken der Eskimos, die mit Klappen versehen sind und abwechselnd mehrere Aspekte des totemistischen Ahnen darstellen: »Bald friedfertig, bald wütend, bald menschlich, bald tierisch.«[17]

Die unter dem Namen *Taotie* (Vielfraß) bekannte chinesische Maske ohne Kinnladen, die auf einige Grundzüge reduziert ist, erscheint ursprünglich auf den Kesseln der Xia. Man nennt sie »die Eule mit den wilden Schreien«.[18] *Yu der Große* war es, der die Embleme der neun Regionen auf die neun Kessel zeichnete. *(Abb. 21–25)*

Abb. 21 Taotie-Motiv. Paiwan.

Abb. 22 Taotie-Motiv. Zwei Profile von Damhirschen. Paiwan.

Abb. 23 Taotie-Motiv. Nordwestküste der Vereinigten Staaten.

Abb. 24 Taotie-Motiv. Brasilien.

Abb. 25 Taotie-Motiv. Peru.

Der *Taotie* ist ein Motiv, das China, Amerika und den Inseln des Südpazifik gemeinsam ist. Aber man findet es nicht in Ländern wie Ägypten, Griechenland und Indien, obgleich deren Kulturen ebenfalls sehr alt sind. Daß der *Taotie* dem mythologischen Themenkreis räumlich weit voneinander entfernter Kulturen angehört, ist wahrscheinlich mehr als rein zufällig. Aber es ist noch zu früh, um die verschiedenen hier hereinspielenden Einflüsse zu bestimmen.

Der erste schriftliche Hinweis auf den *Taotie* findet sich in den *Annalen des Herrn Lü (Lüshi Chunqiu)*[19], wo es heißt, der *Taotie* sei ein Tier mit einem Kopf, aber ohne Körper. Es gibt insgesamt nahezu zwanzig *Taotie*-Motive, die Tiergestalten darstellen. Dazu zählt auch der mit dem Drachen identifizierte *Kui,* den das *Shanhaijing (Buch der Berge und Meere)* beschreibt als »ein Tier mit dem Kopf eines Ochsen und einer einzigen Pfote, ohne Hörner. Wenn es aus dem Wasser steigt oder ins Wasser geht, kommen die Wolken und der Regen. Seine Stimme ähnelt dem Donner«. Es ist das Ungeheuer, das der legendäre Kaiser *Huangdi* gefangennahm, und aus dessen Haut er sich eine Trommel machte.[20]

Die gewagte Hypothese eines chinesischen Historikers[21] lautet, die ursprünglichen Chinesen seien Kannibalen gewesen und hätten die Gehirne von Tieren und Menschen verzehrt. Tatsächlich weiß man – die Texte sagen es ausdrücklich –, daß sie Menschenfleisch aßen, mit einer Vorliebe für den Kopf. Außerdem weiß man, daß sie einen Schädelkult hatten; Spuren davon hat man bei den Eingeborenen Taiwans oder bei den Wa in Yunnan noch Anfang dieses Jahrhunderts gefunden.

Was die frühen Chinesen vermutlich faszinierte und zur Entstehung des *Taotie*-Motivs geführt haben könnte, ist die Form des Gehirns: Die Windungen des einen inspirierten die gewundenen Formen des anderen.

Was aber haben die primitiven Chinesen in diesem Körperteil, den sie verzehrten, gesehen? Die höhere Weisheit und Macht, die hier in die menschliche Struktur eingegraben ist und aus der sie später ihre Symbole ableiteten? Vielleicht ist *Yu der Große* von diesem Gedanken beseelt, wenn er die Neun Dreifüße mit ihren Emblemen, in denen er das Bild der Welt konzentriert zu haben glaubt, als etwas Kostbares bewahrt.

Außergewöhnliche Ereignisse und göttliche Berufung

Die legendäre Vergangenheit und der chinesische Volksglaube kennen zahllose Beispiele für außergewöhnliche Phänomene, die darauf hindeuten, daß bestimmte Personen eine Verbindung zum Göttlichen haben. Anzeichen dafür sieht man in sonderbaren Geburten, in Wundern oder Katastrophen, in himmlischen Strafen und in Verwandlungen.

Es wäre müßig, eine erschöpfende Liste der außergewöhnlichen Geburten aufstellen zu wollen, denn in ihrem Ablauf gibt es kaum Variationen. Ein Tier, eine Pflanze, selbst ein Stein oder ein Ei genügen meist, um den urbildlichen Kontext für diese Geburten herzustellen. Wir werden uns damit begnügen, die berühmtesten unter ihnen aufzuzählen, beginnend mit der Geschichte von der Geburt des *Yiyin*, der dem *Tang* half, die Shang-Dynastie zu gründen.[22]

Eine Tochter der Familie *Xin* fand beim Maulbeerblätterpflücken ein kleines Kind. Sie bot es ihrem Fürsten an, der es behielt und aufzog. Die Geschichte des Kindes ist folgende: Als seine Mutter schwanger war, träumte sie, daß ein Gott zu ihr sagte: »Wenn aus einem Mörser Wasser tritt, gehe nach Osten und wende nicht den Kopf, um zu schauen!« Am nächsten Tag sah sie einen Mörser, aus dem Wasser heraustrat. Sie verständigte ihre Nachbarn und wanderte zehn Meilen weit nach Osten, dann wandte sie den Kopf, um zu schauen. Ihr ganzes Land war von Wasser bedeckt. Da sie dem göttlichen Gebot nicht gehorcht hatte, wurde sie auf der Stelle in einen hohlen Maulbeerbaum verwandelt. Als die Wasser sich zurückzogen, blieb nichts zurück als ein kleines Kind am Ufer.

Andere Versionen der Geschichte lassen nicht Wasser aus einem Mörser treten, sondern Frösche erscheinen, die Regen und Flut ankündigen.[23]

Eine andere Sage läßt die Mutter des *Xie* auftreten, des Ahnherrn der Yin[24], der *Yu dem Großen* half, die Flut zu meistern.

Als diese eines Tages baden geht, sieht sie einen Vogel von dunkler Farbe, der ein Ei fallen läßt. Sie ißt es, wird schwanger und gebiert *Xie. Yu der Große* wurde selbst aus einem Stein geboren und *Houji*, der Hirsefürst wurde empfangen, indem seine Mutter in den Spuren eines Riesen oder eines Riesentieres schritt. So die Erzählung im *Buch der Lieder*[25], (in der Übertragung von Peter Weber-Schäfer):

Sie, die im Anfang das Volk gebar,
Das war Chiang Yüan.
Wie hat sie das Volk geboren?
Sie opferte, sie betete,
Sie fleht um einen Sohn.

Sie trat den Zeh in Gottes Spur,
Sie ward erhoben, beschenkt.
So wurde sie fruchtbar, wurde sie schwanger,
Gebar ein Kind und säugt das Kind.
Ihr Kind, das war Fürst Hirse.

Erfüllt waren ihre Monde,
Ihr Sohn kam wie ein Lamm.
Ohne Reißen, ohne Ziehen,
Ohne Schmerzen, ohne Harm
Gebar sie das göttliche Wesen.

Der Herzog *Mu* (7. Jh. v. Chr.) wurde aus einer seiner Mutter angebotenen Orchidee geboren. Das Charakteristische daran ist, daß hier die Macht und die Vaterschaft von einem Ahnen überbracht werden, der in göttlichem Auftrag handelt, denn der Himmel bestimmt den Menschen auf geheimnisvolle Weise das Land, in dem sie in Harmonie miteinander leben werden. Dieses geheime Einverständnis, das durch die Vermittlung eines Tieres oder einer Pflanze zustandekommt, wird in den alten Texten häufig beschrieben. Es steht offensichtlich im Zusammenhang mit den totemistischen Grundlagen der chinesischen Kultur. (Wir werden auf diesen Punkt im nächsten Kapitel zurückkommen.)

Bei den Paiwan, die wahrscheinlich chinesischer Abstammung sind, sind die Sagen, in denen das Tier mit einer göttlichen Macht ausgestattet ist, noch sehr lebendig. Eine von ihnen erzählt, daß eines Tages die Sonne *Atao* ein Ei fallen ließ. Das Ei wurde von einer giftigen Schlange gefressen. Fünf Tage fuhr die Sonne fort, Eier zu legen. Die Schlange fraß sie alle auf. Aber ehe sie das letzte verschlang, ging eine Frau vorüber, und die Schlange verzichtete darauf, es zu fressen. Das Ei wurde ein Mensch. Das war der Ahnherr der Paiwan. Die Schlange heiratete die Frau und verwandelte sich in einen Mann.

In dieser Volksgruppe, wo das Schamanentum eindeutig weiblich geprägt ist, erfolgt die Berufung immer auf die gleiche Weise. Ein Schamane namens *Kerker* aus dem Dorf der Paiwan erzählt seine Erfahrung: »Es war so, daß sie sich schwach fühlte und oft ohnmächtig wurde. Ihre Angehörigen waren sehr beunruhigt und ließen sie nicht mehr allein auf den Feldern arbeiten. Das war die Zeit, als der Gott *Teman* zu ihr sprach. Er tat ihr seinen Willen kund, eine Schamanin aus ihr zu machen. Mehrere Tage lang blieb er an ihrer Seite. Sie aß nicht und schlief nicht. Dann entführte sie *Teman* in die Lüfte. Sie empfing Perlen in ihren Händen, und der Gott brachte sie zurück ins Dorf.«

Eine andere Sage der Paiwan illustriert das Motiv der Flut:

Es gab eine Überflutung. Alle Bewohner flüchteten sich in die Berge. Als sie in Sicherheit waren, merkten sie, daß sie vergessen hatten, das Feuer mitzunehmen. Sie schickten die Tiere, es zu holen. Aber keines von ihnen kam wieder zurück. Also schickten sie einen Damhirsch (der als heiliges

Tier galt). Diesem gelang es, das Feuer herbeizutragen, aber er ertrank, als er schon fast angekommen war. Darauf erschienen riesige Fliegen, die die Bewohner lehrten, wie man Feuer aus zwei Steinen erzeugt.[26]

Der magische Flug ist eines der Mittel, »den Austritt aus sich selbst« oder »den Bruch der Ebene«[27] zu bewirken, das Überwechseln von einer Welt in eine andere. In China finden wir zahlreiche Beispiele solcher mystischen Erhebungen. Der erste, dem es gelang zu fliegen, war Kaiser *Shun*. Man sagt, daß es die Töchter *Yaos* waren, die ihn diese Kunst lehrten.[28] Fliegend zum Himmel aufzusteigen, das ist die Fähigkeit, die der Gott denjenigen verleiht, die er auserwählt hat. Die Vogelfeder oder das Pferd sind die Symbole dafür. Wenn die Geister und die Dämonen einen vollständig durchdringen, so ist es, als ob Reiten oder Gerittenwerden nur einen einzigen Akt bilden, der die zwei Gesichter der Besessenheit vereint. In allen Kulturen hat der Schamane die Fähigkeit zu fliegen. Es bedarf kaum noch der Erwähnung, daß das Aufsteigen zum Himmel ein Zeichen ist für die Macht, ein wenig von der mythischen Urzeit wiederherzustellen.

Die Organisation der den Mächten geweihten Kulte

Der alljährliche Kreislauf der Kulte ist großenteils mit dem Rhythmus des Lebens auf dem Lande verbunden. Das Jahr teilt sich in zwei Zeiten: die Zeit der Arbeit und die Zeit der Ruhe, die den Jahreszeiten Frühling – Sommer und Herbst – Winter entsprechen. Eine Zeit der Fülle und eine Zeit des Todes, die sich abwechseln, symbolisieren den kosmischen Kreislauf, wie er sich im Rhythmus der Erde und der Jahreszeiten manifestiert. Jedem Zeitabschnitt sind Kulte zugeordnet, die das Ziel haben, die Ordnung zu unterstreichen, die den Abläufen in der Natur ihren größeren Sinn gibt.

Der erste dieser Kulte heiligt den Anfang des Jahres. Wie uns die Texte lehren, finden die Feierlichkeiten *zeitlich* zu einem bestimmten Zeitpunkt und *räumlich* auf den Ebenen der Familie und des Stammes statt, da sie alle Menschen erreichen sollen, vom Fürsten bis zum Geringsten. Als öffentliche Demonstrationen des Interesses, das jeder Einzelne an der Harmonie des Landes hat, kommt ihnen als kalendarisch festgelegte Norm eine große Bedeutung zu.

Es beginnt mit der Zeremonie zum Empfang des Frühlings.[29] Sobald der Frühling willkommengeheißen wurde, kann alles aus der winterlichen Starre wiederauferstehen. Dabei ist es die Aufgabe des Fürsten als Träger des Himmelsmandats, über den rechten Lauf der Welt zu wachen; er muß sein Augenmerk auf die kosmischen Phänomene richten, ihr Erscheinen voraussehen, ihre Ankunft begleiten, die Menschheit unterrichten und beraten, damit sie keine Fehler begeht.

Das erklärt, warum sich der Fürst zu Beginn jeder Jahreszeit in Begleitung seiner Minister vor die Stadt begibt, um »den Odem der Zeit« zu empfangen. Wie aus den Texten hervorgeht, findet die Zeremonie im Frühling auf dem östlichen Vorstadtgelände statt. Im Sommer ist es das südliche Vorstadtgelände, im Herbst das westliche, und im Winter das nördliche.

Drei Tage vor dem offiziellen Beginn der jeweiligen Jahreszeit kündigt der Wahrsager sie dem Fürsten an. Es folgt eine außerordentlich strenge Zeit der Abstinenz von drei Tagen[30], der eine leichtere Enthaltsamkeit von sieben Tagen vorausgeht. Am festgesetzten Tag begibt sich der Fürst auf das Vorstadtgelände, wo für die Gelegenheit ein Erdhügel *Taizhao*, das heißt »groß und erleuchtet« errichtet ist: Er wird so genannt, weil der Frühling das *Yang* und das Licht ist. Neben diesem Erdhügel vergräbt man zu Ehren einer jeden der vier Jahreszeiten ein Mutterschaf und ein Schwein.[31]

Obgleich die Texte auch eine Jahreszeit der Mitte erwähnen, geben sie keinen Hinweis auf Zeremonien, die sich dort hätten abspielen können. Die Vermutung liegt nahe, daß sie innerhalb der Hauptstadt, in gleicher Entfernung von den vier Himmelsrichtungen stattfanden.[32]

Der Fürst feiert das Ereignis, begleitet von seinen Ministern. Nach Beendigung der Zeremonien findet die Verteilung der Belohnungen statt. Dabei können Frühling und Sommer nach dem Vorbild der von Grund auf guten Natur nur verschwenderisch sein. Dann ist das menschliche Handeln in Harmonie mit dem Wachstum der Lebewesen, während im Herbst die zerstörerischen Aktivitäten des Krieges und der Jagd mit Verfall und Tod verknüpft werden.

Die Mingtang oder »der Palast des Lichts«, ein Gebäude von beträchtlicher symbolischer Bedeutung, von dessen Existenz uns die Texte berichten, bildet in sich ein unter die Herrschaft des Fürsten gestelltes Miniaturmodell des Universums. Die Beschreibungen der Mingtang in den Werken der Zhou oder in früheren Werken sind äußerst vage und gestatten keine vollständige Wiedergabe des Gebäudes, dessen symbolischer Aspekt im Vordergrund steht (Abb. 26).

Abb. 26 Rekonstruktion der Mingtang von Xian in Shenxi.

Die Mingtang ist ein genaues räumliches und zeitliches Abbild der Stellung des Menschengeschlechts innerhalb des Universums. Als mikrokosmisches Organ der Regierung soll es sich dabei um einen großen, im Süden der Hauptstadt gelegenen Palast gehandelt haben, einen Ahnentempel, einen Ort für die öffentlichen Feierlichkeiten, und eine Plattform für die Verkündigung von Verwaltungsvorschriften. Auch diente die Mingtang dem Empfang von Fürsten aus anderen Fürstentümern sowie der Himmelsbeobachtung. Wenn man den rituellen Kalenderchroniken des 3. Jahrhunderts v. Chr. glaubt, war der Palast des Lichts als ein riesenhafter Kalender auch der Schauplatz für den Rundgang des Herrschers, der den Lauf der Sonne nachahmen sollte. Als Sinnbild für den Lauf der Zeit bedeutet der königliche Rundgang zugleich deren Bewahrung.

Verschiedene Theorien haben das Gebäude als eine ebenso komplexe und hypothetische wie unrealisierbare Konstruktion vorgestellt. Ausgrabungen in Xi'an haben jedoch Reste einer antiken Konstruktion zutage gefördert, die in die Han-Zeit datiert wird und an die Mingtang erinnert, von der die Texte sprechen. Der Plan dieser Mingtang enthüllt einen ringförmigen Graben, vier an seinen vier Seiten gelegene Gebäude und ein zentrales Gebäude, das mehrere Stockwerke gehabt zu haben scheint.

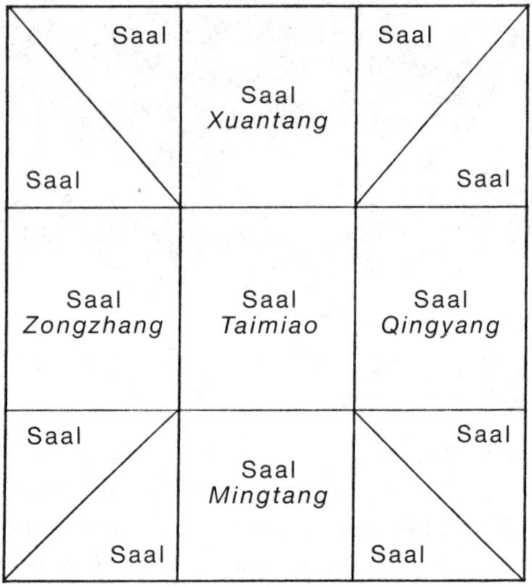

Die symbolische Bedeutung des Gebäudes, über das niemals klar ausgesagt wurde, wieviel Zeit der Herrscher tatsächlich darin verbracht und was er darin getan haben soll, ist vielleicht von den alten Texten absichtlich übertrieben worden, um archaische Elemente einzubeziehen, die ihre Ideologie widerspiegeln. Es sei denn, es handelte sich bei der Mingtang um ein Gebäude, das in der Tradition des Öffentlichen Hauses im frühzeitlichen China steht, denn es scheint tatsächlich dieselben Funktionen zu haben und erinnert zum Beispiel an das Öffentliche Haus der Eingeborenen von Taiwan und Südostasien. Als Männerhaus oder Stammeshaus ist es bei den Paiwan oder den Lukai in Taiwan ein viereckiges ebenerdiges Gebäude, in dessen Innerem sich geschnitzte Pfosten und Balken befinden, die die Ahnen darstellen[33] (Abb. 27). In unseren Tagen sind diese heiligen Orte verschwunden und durch einfache, im Hof des Hauses gelegene Pavillons ersetzt, die aber nach wie vor den Versammlungsort und den Ausgangspunkt aller Feste bilden. Diese mit einer ungewöhnlichen, von den Ahnen stammenden Kraft begabten heiligen Orte und gemeinschaftlichen Zentren sind mit den Mitgliedern der örtlichen Gemeinschaft durch eine Art Verwandtschaft verbunden, die die lebendige Entwicklung der Gruppe vorantreibt.

Der Kult des Himmels

Wenn die Natur bereit ist, wieder zu erwachen, und mit den Feldarbeiten begonnen werden kann, die dem neuen Leben helfen sollen, aus der schlummernden Erde hervorzubrechen, bleibt noch – vor dem Signal für die Tat – die Erlaubnis des Himmels zu erbitten, dessen Macht auf den Herrscher als Sohn des Himmels übertragen worden ist. Neben den Opfern zu besonderen Gelegenheiten sind dem Himmel jahreszeitliche Opfer geweiht, um seinen Segen und seinen Schutz zu erhalten.

Als Herrscher über das Universum und höchste göttliche Instanz ist der Herrscher des Oben und des Erhabenen Himmels die genaue Entsprechung des irdischen Herrschers, der sein Vasall und Mandatsträger ist und ihm Rechenschaft schuldet. Der Herrscher des Oben wahrt das Geheimnis der kosmischen Gesetze. Darum verbrennt der Herrscher bei seiner Ankunft in einem Land zuerst einen Stapel Holz auf einem Erdhügel zu Ehren des Himmels. Auf diese Weise tut er dem Himmel kund, daß er das Gebiet im Rahmen der ihm anvertrauten Mission in Besitz genommen hat.[34]

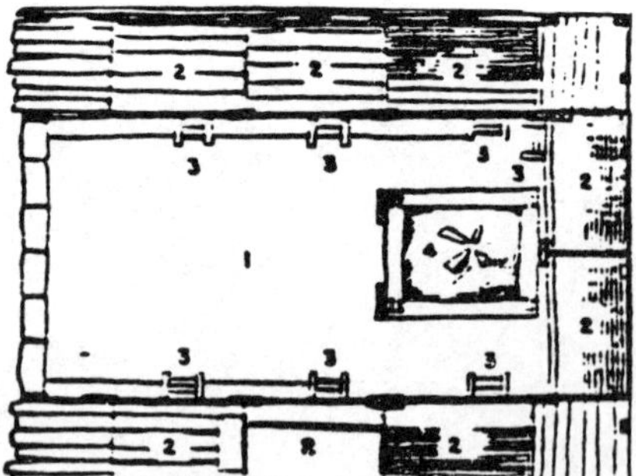

Abb. 27 Das Männerhaus bei den Lukai in Taiwan.

1 Zentralhalle
2 Nachtecke
3 Leiter
4 Feuerstelle

Drei Opferfeste im Jahr feiern den Herrscher des Oben. Das erste im Frühling, das zweite im zweiten Sommermonat und das dritte im dritten Herbstmonat. Der Herrscher wählt einen günstigen Tag und schreitet zur Darbietung der Opfer. Die Wahl des Tages findet nach Befragung des Schildkrötenorakels statt. Damit das Opfer unter guten Bedingungen abläuft und seinen Adressaten befriedigt, müssen alle günstigen Umstände zusammentreffen. Den Ort des Kultes bildet ein dreistufiger, kreisrunder Hügel. An jedem der vier Kardinalpunkte führt eine Treppe zur obersten Terasse hinauf. Vor dem Opfer wird von den Teilnehmern eine Zeit der Abstinenz eingehalten, damit sie sich in einem Zustand vollkommener Reinheit präsentieren. Am festgesetzten Tag wird auf dem Hügel ein Scheiterhaufen errichtet. Dann wird ein roter Stier herbeigeführt, den der Herrscher persönlich durch Pfeilschüsse tötet. Für den Himmel, den Gott des Bodens und die königlichen Ahnen bringt man große Opferungen dar, zu denen ein rothaariger Stier, ein schwarzer Widder und ein weißes Schwein gehören.[35] Die dem Obersten Herrscher dargebotenen Tiere müssen im Stall gereinigt worden sein und dürfen keinerlei Makel aufweisen. Im zweiten Herbstmonat werden die für die Opfer bestimmten Tiere geprüft, gewogen und gemessen. Der Herrscher persönlich begibt sich auf die Weiden, um die Opfertiere auszuwählen. Nach der Opferung kann mit der Bebauung der Felder begonnen werden. Bleibt noch hinzuzufügen, daß der Herrscher selbst das Beispiel dafür gibt, indem er drei Ackerfurchen pflügt. Damit symbolisiert er die Macht des Himmels über die Erde und die Befruchtung der Erde durch den Himmel mit dem Ende der winterlichen Ruhezeit.

Austreibung des alten und Begrüßung des neuen Jahres

Die Einsetzung der Geister des neuen Jahres findet kraft der Austreibung der Geister des alten Jahres statt. So werden die Geister abwechselnd als erbetene und als ungebetene Gäste behandelt. Man ruft sie, man ernährt sie, dann bedankt man sich bei ihnen und jagt sie davon. Es geht darum, das Alte hinauszugeleiten und dem Neuen entgegenzugehen: das ist der Weg zur kosmischen Ordnung.

Eine der eindrucksvollsten und wichtigsten Zeremonien der Anrufung der Geister und Götter ist die Zeremonie des *Bazha* (die acht Opfer), auch *La* genannt.

Im zehnten Monat, so lehrt uns das *Buch der Riten*[36], bietet man den Ahnen, den Schutzgöttern des Hauses, ein *La* dar, und die Landarbeiter ruhen sich aus. Als Fest der Ernte hat die Zeremonie die Aufgabe, das Jahr und die Landarbeiten abzuschließen. Das Fest geht auf primitive Zeremonien zurück, die im Herbst zum Zeitpunkt der Tagundnachtgleiche und des ersten Frostes am Ufer von Flüssen abgehalten wurden. Es ist das Gegenstück zu einem anderen Fest der Tagundnachtgleiche, das mit dem Frühling und dem ersten Tauwetter verknüpft ist. Die *Bazha* stehen in Beziehung zur Verehrung von Bergen und Flüssen, wie sie seit undenklichen Zeiten Brauch war. »Die Berge, die Wälder, die Flüsse, die Täler, die Anhöhen und Hügel haben die Macht, Wolken zu erzeugen, Regen und Wind zu machen, Wunder erscheinen zu lassen ... Sie sind heilige Mächte.«[37]

Im Verlauf des Festes ruft man alle Geister an, die zu ihren Lebzeiten dazu beigetragen haben, daß es eine reiche Ernte wurde, seien es nun Menschen oder auch Tiere, die Schädlinge vernichten ... Als Auftakt zur Winterruhe des Landvolkes am Ende des Jahres, als Fest der Danksagung und der Weihegaben für die verschiedenen Geister, Ahnen,

Berühmtheiten oder Weisen, deren Hilfe wünschenswert erschien, erstreckt sich die Feier über mehrere Tage und beinhaltet die verschiedensten Arten von Aktivitäten. In seiner Farbenpracht, Lebhaftigkeit und Volkstümlichkeit gleicht es einem Karneval. Die das Fest leiten, sind in Weiß gekleidet und tragen eine Lederkappe, einen Gürtel aus Hanf und eine Gerte vom Haselnußstrauch. Weiß, die Farbe der Trauer, erinnert an das sterbende Jahr. Am Ende der Zeremonie wechseln die Teilnehmer ihre weißen Kleider gegen gelbfarbene aus.

Acht Opfer sind vorgesehen, aber man weiß nicht so recht, worin sie bestehen. Vielleicht sind sie für acht verschiedene Geister bestimmt? Vielleicht dauern sie acht Tage lang? Man ist versucht, sie mit dem Fest *Masalud* der Paiwan auf Taiwan zu vergleichen, einem Erntefest, das kurz nach der Hirseernte stattfindet und acht Tage dauert. Der erste Tag ist der Seele des Ahnen gewidmet, den man von der Ernte unterrichtet. Ein Opfer findet unter der Leitung eines Priesters *Palakalai* und eines Schamanen statt. Der Priester opfert *Tagoros,* dem Himmel, der Schamane opfert einem anderen Gott, dem Sohn des *Tagoros,* und dessen Gattin *Dje-ngo-rau.* Am Tag des *Masalud* steigt *Tagoros* – der unsichtbar ist – auf die Erde herab. Hauptzweck des Festes ist es, den Geistern der Toten zu opfern, aber die Männer der Gemeinschaft veranstalten auch Gebete für eine erfolgreiche Jagd. Bei dieser Gelegenheit wird das Fleisch von Wildschweinen in Stücke geschnitten und über den Platz der Zeremonie verstreut.

Es ist erstaunlich, wie sehr dieses Fest dem chinesischen *Bazha-* oder *La-*Fest ähnelt. Die Etymologie des chinesischen Wortes beweist es. Tatsächlich erinnert sein Schriftzeichen an das Zeichen für »jagen«, was darauf hinweisen könnte, daß die *Bazha* ursprünglich ebenfalls eine Heiligung der Jagd bedeuteten. Leider haben sich Inhalt und Dauer des *Masalud* inzwischen gewandelt. Daher ist es schwierig, seine Geschichte zurückzuverfolgen. Wenn aber gewisse Hypothesen zum chinesischen Ursprung der Paiwan-Gruppe verifiziert werden könnten, würden wir über ein außerordentliches Potential an Wissen über die primitive chinesische Kultur verfügen.[38] Ein anderes chinesisches Fest, das *Nuo,* findet mehrere Male im Jahr statt, wobei das Hauptfest, auch das »Große *Nuo*« genannt, unbestritten dem dritten Wintermonat zugeordnet ist.

In dem Schriftzeichen *Nuo,* das in den Orakelinschriften der Shang bezeugt ist[39], meint man die Gestalt eines mit einem Zeremonialhut bekleideten Menschen zu erkennen: den Schamanen. Das etymologische Wörterbuch *Shuowen jiezi*[40] liefert einen interessanten Hinweis, indem es dieses Schriftzeichen als »den Aufschrei, den man ausstößt, wenn man den Dämonen begegnet« analysiert.

Bei der Durchführung des *Nuo* werden an den neun Toren der Stadt Opfertiere in Stücke geschnitten. Dabei symbolisieren die Tore die Austreibung der verbannten Ungeheuer. Es ist bezeichnend, daß man mit dem *Nuo* im dritten Monat den Odem des Frühlings verabschiedet, während das *Yang* noch immer im Wachsen begriffen ist. Im zweiten Herbstmonat praktiziert man das *Nuo,* um die schlechten Einflüsse zu verjagen und den Odem der Jahreszeit herrschen zu lassen. Im dritten Wintermonat schließlich feiert man die Zeremonie zum letzten Mal im Jahr. Gleichzeitig mit der Zerstückelung der Opfertiere führt man einen Ochsen aus Ton durch das Land, um den Odem der Kälte auszutreiben. Dieser Ochse von schwarzer Farbe verkörpert das *Yin* und ist dem grünen Ochsen des Frühlings diametral entgegengesetzt.

Die Zeremonie findet unter der Leitung des Schamanen statt. Dieser trägt eine Pelzmütze »mit den vier leuchtenden Augen, die es ihm erlauben, in alle vier Richtungen zu schauen«, ist mit einer schwarzen Weste und einem roten Rock bekleidet und hält eine Hellebarde und einen Schild.[41] Ihn begleiten zwölf Knaben zwischen zehn und zwölf Jahren, die mit einer roten Kappe und einem schwarzen

Umhang bekleidet sind und große Trommeln tragen. Sie tanzen mit Masken verkleidet, die behaarte, gefiederte und gehörnte Tiere darstellen. Dann simuliert der Schamane, gefolgt von den Teilnehmern, eine Jagd auf die bösen Geister. Mit Erdkugeln und Pfeilen werden sie über die Grenzen der Stadt gescheucht.[42] Die Teilnehmer sind mit Fackeln ausgerüstet, die sie am Ende der Zeremonie in den Fluß werfen.

Die als Instrument des Winters verstandene Trommel spielt im Großen *Nuo* eine ebenso wichtige Rolle wie in den traditionellen schamanistischen Zeremonien auf der ganzen Welt. Es ist das Dröhnen der Trommel, das die Verdoppelung der Persönlichkeit ermöglicht, worauf diese sich auf die Reise zu den Gottheiten begeben kann. Zusammen mit dem Tanz liefert der Klang der Trommel, der die wilden Tiere zähmt, eine allegorische Darstellung des Sieges der Götter über das Böse und der Errichtung der Ordnung in der Welt.

Während die *Bazha* den Charakter eines Weiheritus haben, ist das *Nuo* ein Ritual der Austreibung der bösen Einflüsse. Nur die Austreibung des alten Jahres macht es dem neuen Jahr möglich, sich einzurichten. Indem die chinesischen Frauen sich in den Flüssen baden, um sich vom Schmutz des Winters zu säubern, konkretisieren sie den Wunsch, die Zeit zu erneuern und deren Fruchtbarkeit zu sichern.

Konfuzius soll, als er einmal einem solchen Fest beiwohnte, berichtet haben, »die Leute seien wie verrückt geworden«.[43] Die Erregung, die er so überraschend fand, ist charakteristisch für den Zustand der Ekstase und der Besessenheit bei den traditionellen schamanistischen Zeremonien. Die Sherpas in Nepal begehen zweimal jährlich, im April und im Oktober, die Feier des *Tsirim*, eine exorzistische Zeremonie, die dazu dient, alle bösen Geister zu verjagen, die die Gemeinschaft bedrohen könnten. Junge Männer tragen ein *Torma* – eine dreiköpfige Figur

(Schwein, Stier, Tiger), die auf einer Platte auf einem eisernen Dreifuß befestigt ist – zum südlichen Ausgang des Dorfes, wie es die jungen Chinesen mit dem Ochsen aus Ton machen. Dann durchbohren sie die Figur als das Bildnis der Kräfte des Bösen mit ihren Schwertern. Im allgemeinen wird dieses Opfer von Trommelschlägen und Schreien begleitet.[44]

So stellen wir fest, daß auch China alle den Schamanismus bestimmenden Elemente aufweist: den Flug in den Himmel, die Besessenheit, die Verkleidung, die Maske. Was uns die Texte überliefert haben, wird mehr und mehr durch die archäologischen Funde bestätigt und ergänzt, und das vergleichende Studium der Randvölker bildet ein wertvolles Instrument für ein besseres Verständnis des alten China. Allein aus seinen Sagen, seiner Mythologie und seiner Kunst, die eine Fülle von Einzelheiten liefern, die man auch in fremden Sagen, Mythologien und Kunstformen wiederfindet, läßt sich Stück für Stück ein riesiges Puzzle rekonstruieren, das einen beträchtlichen Teil der Welt repräsentiert, insofern als es gleichzeitig die Geschichte der kulturellen Kontakte und Anleihen darstellt.

Zum Glück ist nicht die gesamte chinesische Tradition verlorengegangen. Einige traditionelle Elemente, die zweifellos archaischen Ursprungs sind, haben sich bis in unsere Zeit erhalten. Man muß sie also nur herausschälen.

So weit wir es beurteilen können, ist das taoistische Ritual dafür der beste Beweis. Zahlreiche Motive dieses Rituals spiegeln eindrucksvoll all das wider, was die Texte uns über die schamanistischen Tänze und Gebete lehren. Wahrscheinlich hat also die taoistische Liturgie auf archaisierende Motive zurückgegriffen und sie in ihren Traditionen systematisiert. Als der »große Übermittler der klassischen chinesischen Kultur« hat der Taoismus »die Sedimentierung der Anschauungen« besorgt, die zu verstehen wir Mühe haben, die uns aber Aufschluß darüber geben, wie sich die Zivilisation Schicht für Schicht formiert hat.[45]

Die alten Gesellschaften haben stets das Symbol mehr als die Sache selbst gewürdigt, denn sie glaubten, im äußeren Anschein der Phänomene die unsichtbare, höhere Wirklichkeit zu sehen, das jenseits der Formen und Erscheinungen liegende geistige Prinzip. Die Erklärung dieser primitiven Anschauungen müßten wir in jenem Geflecht von Symbolen finden, deren Sedimentierung ihre Bewahrung ermöglicht hat. Auch wenn sie dem Einfluß anderer Religionen und Gesellschaften unterworfen wurden, haben die archaischen Gesellschaften ihre Glaubensvorstellungen in Form der mündlichen Überlieferung und der Kunst auch im Gewand neuer Ideologien wieder zur Darstellung gebracht.

III

Die Clans und die Totems
Die Kunst
Die nichtchinesischen Populationen

Seit Lévi-Strauss' *Le totémisme aujourd'hui*[1] erschienen ist, sind die Diskussionen über den Totemismus verstummt. Daher ist es eine recht heikle Angelegenheit, die Totems und die totemistischen Strukturen der archaischen chinesischen Gesellschaft abhandeln zu wollen. Dennoch schien es uns der Einfachheit halber und in Ermangelung einer adäquaten Terminologie unvermeidlich, immer wenn nötig auf die Begriffe »Totem« und »Totemismus« zurückzugreifen – ohne damit eine Kritik an den Vorstellungen, die sie bezeichnen, ausschließen zu wollen.

Tatsächlich ist es nicht so sehr unser Ziel, den Totemismus zu diskutieren und zu beweisen, ob sein Begriff auf China anwendbar ist oder nicht – diese Aufgabe würde bei weitem den Rahmen dieser Arbeit überschreiten. Hinzukommt, daß man über die chinesische Vergangenheit noch viel zu wenig weiß, um verschiedene Phänomene in die literarischen, ikonographischen, rituellen und alltäglichen Zusammenhänge einordnen zu können. Unsere Kenntnisse reichen auch nicht aus, um das Vorkommen solcher Phänomene bei den benachbarten oder verwandten Populationen feststellen und damit die Glaubensvorstellungen und ihre Übertragungswege vollständiger erfassen zu können.

Bei den archaischen Glaubensvorstellungen scheint es unmöglich, sich auf den kulturellen Kern Chinas zu beschränken, da es in der Archaik wahrscheinlich einen gemeinsamen religiösen Nährboden gegeben hat, der die Kunst und die Weltanschauungen der verschiedenen geographisch benachbarten Gesellschaften speiste, deren gegenseitige Durchdringung mittels gemeinsamer Symbole stattfand. Diese Symbole haben sich – mit gewissen lokalen Abweichungen – bis in unsere Tage weiterverbreitet.

So wie der Totemismus bei mehreren Gesellschaften entdeckt und beschrieben wurde, ist er grundsätzlich definiert durch die Wahl eines Tieres oder einer Pflanze als Sinnbild einer Gesellschaft, von dem diese auch ihren Namen herleitet. Dahinter steht der Glaube an eine Blutsverwandtschaft mit dem Tier oder der Pflanze, die als Gründungsahnen der Gemeinschaft gelten, verbunden mit Handlungen, die man zu Ehren des Ahnen vornimmt. Allerdings sind solche Phänomene, die man üblicherweise unter dem Begriff des Totemismus zusammenfaßt, nur selten gleichzeitig zu beobachten[2], so daß es unmöglich ist, den Totemismus absolut zu definieren. Man kann nur von Strukturen oder Anschauungen »des totemistischen Typs« sprechen.

Was China anbelangt, muß man berücksichtigen, daß die von uns als »primitiv« bezeichnete Epoche (um das zweite Jahrtausend v. Chr.) sich auf eine materiell schon entwikkelte Gesellschaft bezieht, in der mehrere religiöse Strukturen nebeneinaner existieren. Unter diesen befinden sich tatsächlich Glaubensvorstellungen totemistischer Art, die auf Clans gegründet sind, deren jeder durch ein besonderes Emblem repräsentiert wird – ohne daß diese Veranlassung zu Kulten gegeben hätten; daneben findet sich eine andere, entwickeltere religiöse Struktur mit einem hierarchischen Pantheon, an dessen Spitze der Oberste Herrscher steht.

Wenn man nun die konstitutiven Elemente des Totemismus betrachtet, wie sie Emile Durkheim[3] definiert hat, so stellt man fest, daß das Totem in der primitiven chinesischen Gesellschaft schwer nachzuweisen ist. Die Wahl ist in China im wesentlichen auf das Tier gefallen. So weit man dies beurteilen kann, fehlt die Pflanze zwar nicht völlig, hat aber sehr viel weniger Bedeutung. Es mag in diesem Zusammenhang verwundern, daß das pflanzliche Motiv auch die chinesische Kunst wenig interessiert hat. Als Erklärung wurde vorgeschlagen[4], daß China in der ersten Phase seiner Entwicklung Grund gehabt hätte, gegenüber der Vegetation und dem Wald feindlich eingestellt zu sein, da man ihn ständig urbar machen mußte, um Platz für die Siedler zu schaffen. Diese Hypothese ist insofern wenig überzeugend, als sie sich ja auf die ganze Welt anwenden ließe. Allgemein gesprochen spiegelt sich darin nach Lévi-Strauss[5], weltweit lediglich das Verhalten einer Gesellschaft von Jägern, in der die Tiere einen unmittelbaren Einfluß auf das materielle und spirituelle Leben der Gruppe haben und ihnen von daher eine besondere Achtung zuteil wird. Das chinesische Volk hat hier keine Ausnahme gebildet. Für eine Gesellschaft von Ackerbauern, die mit ihren Haustieren lebten und sich im Alltag mit zahlreichen, das damalige China bevölkernden Wildtieren konfrontiert sahen, eine Gesellschaft, die Hirse, Reis, Obst- und Maulbeerbäume kultivierte, war es ganz natürlich, daß sie Eigenschaften der Tiere und Pflanzen unterschied und sie »mit einer Ehrerbietung behandelte, die an Religion erinnert«, wie Bergson sagen würde[6], ohne daß es jedoch eine Vergötterung von Tieren oder Pflanzen gegeben hätte. Denn, wie wir später noch sehen werden, waren Tiere und Pflanzen kaum mit Kulten verbunden.

Totem und Tabu

Für den Primitiven ist das Universum von machtvollen Kräften belebt, die durch alle Dinge hindurch verteilt sind. Die Gottheit wird als gegenwärtig in allem verstanden, was diese natürliche Umgebung belebt. Sie wohnt im Alltäglichen, hat aber dennoch eine Vorliebe für bestimmte »Gefäße«, was zweifellos die Vorstellung erklärt, daß bestimmte Tiere heilig und daher mit Verboten und Tabus belegt sind. Die Verkörperung im Tier am Anfang der Zeit drückt eine besondere Beziehung zwischen dem Urahn des Clans und der Gottheit aus. Diese Beziehung wird ständig in den Bildwerken des Totem bezeugt; es sind Darstellungen des heiligen Wesens, die noch heiliger sind, als das Wesen selbst.[7] Sie finden sich wieder in der Architektur, in Objekten, in Gräbern und als Tätowierungen auf den Körpern der Menschen, denn eingeprägt in den Körper und das Fleisch des Einzelnen wird das heilige Wesen Teil der Person. Die Huronen und Algonkins tätowierten sich das Bild des Tier-Ahnen auf den Körper. Bei den Paiwan von Taiwan ist es das Bild der Schlange, des Ahnherrn ihrer Adelsklasse. Die Tätowierung, *Tsikitsiki,* ist bei ihnen mit dem System der sozialen Klassen verbunden. Man tätowiert die Brust, die Arme, die Knie, die Waden und den Handrücken (bei den Frauen) (Abb. 28). Der Tätowierer ist gleichzeitig Schamane und als einziger dazu autorisiert, das Bild des Gottes auf die Haut des Menschen zu übertragen, damit er ein wenig an den mächtigen und fruchtbaren Kräften der Natur teilhabe.

Der heilige Aspekt des Totems drückt sich zunächst einmal in dem Verbot aus, es zu verzehren oder zu töten, oder, wenn es sich um eine Pflanze handelt, sie zu pflücken. Das Tabu war nichts anderes, als das Bemühen, die Kraft, die ein solches Opfer erzeugt, zu bekommen. Aber es kann Aus-

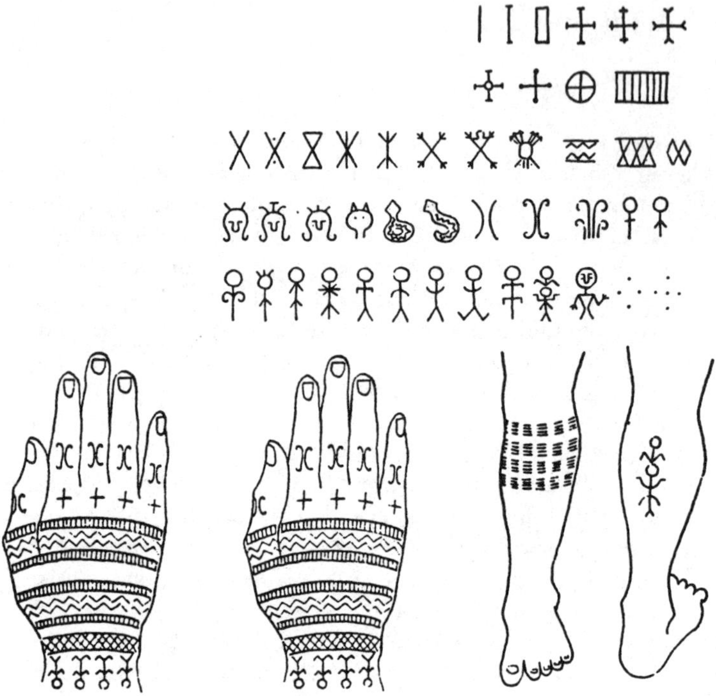

Abb. 28 Tätowierungen bei den Paiwan von Taiwan.

nahmen geben, denn der Gott liebt es, sich von seiner Essenz zu ernähren. Von den legendären Herrschern der *Xia,* die dem Drachen verbunden waren, sagt man, sie hätten ihre Emblemtiere als Haustiere gezüchtet und gegessen, um deren Lebenskraft zu absorbieren. Man weiß auch, daß Menschenopfer zu Ehren einer menschlichen Gottheit stattfanden. Zu den volkstümlichen chinesischen Vorstellungen gehört tatsächlich der Brauch, eine Tonfigur, die einen Verstorbenen darstellt, mit Menschenblut zu tränken. Dabei soll das von einem Verwandten des Toten gespendete Blut[8] von einem Vermittler zwischen dem Spender und dem

Empfänger getrunken werden. Was zeigt, daß ein Menschengott sich von Menschen ernähren und ein Tiergott auch ein Tier seiner Art verzehren kann.

Die zweite Komponente des Totemismus ist die Organisation in Clans, deren Mitglieder unter dem Schutz des Clangründers vereint sind, und in diesem Fall kann man auf eine alte Form des Ahnenkultes schließen. Indem die Verwandtschaftsbande in dieser Form anerkannt wurden, sicherten sie den Fortbestand und Zusammenhalt der Gruppe.

Die dritte Komponente besteht in dem Kult, der dem Ahnen geweiht ist. Als Wiederholung eines archetypischen Gestus, der am Beginn der Geschichte des Clans stand, ist der rituelle Akt, der um das Totem vollzogen wird, ein Versuch des primitiven Menschen, sich durch den Vollzug grundlegender Gesten in die Ewigkeit und in das Heilige hineinzuversetzen.

Soweit wir wissen, gibt es in China nur wenige Spuren von Kulten und Opfern für Tiere, wenn man vom Beispiel des himmlischen Pferdes absieht, von dem das *Ritual der Zhou* spricht, und selbst das war vielleicht ein Sternbild.

Die Clans

Für eine ganze Reihe von Gesellschaften konnte man feststellen, daß das Kind oft das Totem seiner Mutter hatte, was zweifellos die Grundlage für matrilineare oder matriarchale Clans bildet. Oder, wie es in den *Annalen des Herrn Lü*[9] heißt, »die Menschen im Altertum kannten ihre Mutter, aber nicht ihren Vater«. Eine Tatsache, die das *Buch vom Fürsten Shang* bestätigt.[10] Den bemerkenswertesten Beleg für diese Strukturen liefert wohl das Schriftbild des chinesischen Wortes für »Familienname«, wenn man einmal von der Tatsache abstrahiert, daß es von mehreren zeitgenössischen Philologen bestritten wird. Tatsächlich ist »xing«, der Familienname, aus dem Element für »weiblich« und dem Element für »Geburt« zusammengesetzt. Es ist in dieser Hinsicht interessant festzustellen, daß das Emblem oder der offizielle Name in der Frühzeit auf matrilinearem Wege übertragen worden sein könnte. Der Übergang zum patrilinearen System würde sich dann in der Epoche von *Yu dem Großen* vollzogen haben.[11]

Zudem ist es offensichtlich, daß die zweisilbigen Personennamen oft Hinweise auf die zwei Clans enthalten, von denen der Einzelne abstammt, den väterlichen und den mütterlichen. Es ist eine bekannte Tatsache, daß *Shun* den persönlichen Namen *Zhonghua* hatte. Nun können wir den Texten entnehmen, daß *Zhong* sich auf den Clan der Schlange bezog, zu dem *Shun* durch seine Mutter gehörte, und *Hua* auf den Clan des Vogels, dem er durch seinen Vater angehörte.[12]

Was die Geschichte der Clans anbelangt, so sind uns im wesentlichen allein die königlichen Beispiele bekannt. Einen Clan des Vogels, der Schlange, des Rindes, des Widders und des Affen hat es gegeben, so daß die Existenz der Clans unbestritten ist; eine Nomenklatur der verschiedenen totemistischen Gattungen aufzustellen, ist aber leider nicht möglich.

Wir haben bereits *Yao*[13] erwähnt, der seine großen natürlichen Tugenden vollkommen kultivierte und dadurch, so die Überlieferung, unter den neun Klassen seiner Verwandten die Eintracht herstellte. Auf bewundernswerte Weise regelte er das Leben der Familien in seinem eigenen Fürstentum und stellte die Einheit und Harmonie unter den Bewohnern aller Fürstentümer her. Es ist kaum zu bezweifeln, daß die neun Klassen seiner Verwandten Clans bedeuten, die möglicherweise in Beziehung mit den neun Kesseln stehen, in die die Embleme der Regionen eingezeichnet waren, und von denen in der chinesischen Literatur häufig die Rede ist.

Die Organisation in Clans war, zumindest bis zur Zhou-Zeit, ausschließlich für den Adel charakteristisch. Wenigstens entnehmen wir dies den mit Wohnort und Clan verknüpften Familien- und Personennamen und dem Umstand, daß die Nichtadeligen ihrerseits nur Personennamen hatten.

Es gibt zahlreiche Beispiele dafür, daß adelige Clans für sich beanspruchen, die Nachkommen eines lokalen Helden zu sein. Die Fürsten des Landes Yue beanspruchen *Yu den Großen* als Ahnherrn[14], denn er war es, der, nachdem er die Gegend besucht hatte, dort ein Volk mit dem Namen »die durchbohrten Brüste« ansiedelte. *Chiyou* wird in Shandong im Westen des Staates Qi, geehrt, wo angeblich seine Grabstätte war.[15] *Zhuanxu* war der Ahnherr von *Chu,* und selbst *Shun* wurde manchmal als ein Angehöriger der Ostbarbaren betrachtet.[16]

Über die Geschichte dieser Clans gibt die Analyse der Geonyme oder Wohnortsnamen wertvolle Aufschlüsse. Als der persönliche Name einer Person liefert das Geonym (»shi«) auch die genaue Bestimmung der geographischen Lage des Clans. Unter den Mitgliedern des Adels war es sehr üblich, ein Geonym zu haben. *Huangdi,* der auf dem Hügel

Xuanyuan geboren wurde, war unter dem Namen des Herrn von *Xuanyuan* bekannt. *Yao,* der in Taotang lebte, wurde der Herr von *Taotang* genannt, und *Yu* der Herr von *Youyu.* Allerdings konnte die Zuordnung eines Geonyms auch vom Fürsten ausgehen. Sobald dieser einem Lehnsherrn ein Territorium übergab, verlieh er ihm zugleich auch einen Territorialnamen.[17]

Man hat für China gezeigt[18], wie das Wortsymbol »wu« einst die Idee des Totems dargestellt haben kann. Tatsächlich ist es bezeichnend, wie in dem Schriftzeichen »wu« das Element »Rind« und das Element »wu« verknüpft sind, das auf eine Fahne hinweist. So wurde vielleicht ursprünglich ein Rind auf ein Banner gemalt, um eine Gemeinschaft, einen Clan zu symbolisieren (Abb. 29).

Die Beziehung zwischen dem Tier und der Fahne stützt daher die Hypothese, wonach der Clan des Rindes den ersten Clan gebildet haben könnte. Denn das Rind genoß ja als wirtschaftlich entscheidendes Tier in der primitiven chinesischen Ackerbaugesellschaft immer eine besondere Achtung. Erinnern wir uns, daß im dritten Wintermonat anläßlich des *Nuo*-Festes, der Zeremonie zur Austreibung der verderblichen Einflüsse des sterbenden Jahres, ein Ochse aus Ton über das Land gefahren wurde, um den kalten, seit der Sonnenwende im Abnehmen befindlichen Odem des *Yin* zu vertreiben. In diesem kosmogonischen Ritual stellt der Ochse die Energie des *Yang* und des neuen Jahres dar.

Wir besitzen einzelne Elemente einer Geschichte tiergestaltiger Schutzgeister. Zu ihnen gehören die berühmtesten unter den königlichen Totems.

Erinnern wir uns, daß *Xie,* der Begründer der Shang[19], empfangen wurde, als seine Mutter in den Fußspuren eines Tieres schritt, genauer vielleicht eines riesigen Vogels. Was der Clan des Vogels für die Shang, ist der Clan der Schlange für die Xia – so rechtfertigt jede Dynastie ihre Kraft und ihren Einfluß.

Wir haben bereits *Fuxi* erwähnt, der zum Clan des Vogels gehörte, weil er geboren wurde, nachdem auch seine Mutter in den Spuren eines Vogels gewandelt war. Der persönliche Name des *Fuxi* bezeugt diesen Ursprung. *Tai-hao* bedeutet nämlich der große Osten, der Ort der aufgehenden Sonne also. Sonne und Vogel sind, wie schon gezeigt wurde, oft miteinander verknüpft. Der Clan des *Fuxi* soll sein Stammgebiet im Staat Lu (heutiges Shandong) an den Ufern des Gelben Flusses gehabt haben.[20]

Manche Werke[21] behaupten, auch *Nügua* habe zum Clan des Vogels gehört. In Anbetracht der Tatsache, daß sie als die Schwester des *Fuxi* gilt, ist dies vollkommen stimmig. Wenn sie andererseits seine Gattin ist, hätten die dem totemistischen System eigenen exogamen Gesetze ihr die Heirat mit einem Mitglied ihres Clans verbieten müssen. Die Überlieferung schreibt dem Paar *Fuxi-Nügua* aber die Hervorbringung des Clans der Schlange zu. Und tatsächlich zeigt die Ikonographie sie fast immer als ineinander verschlungene Schlangen, aber auch als Vögel. Vogel und Schlange sind untrennbar. Sie bilden keinen Widerspruch. Im Gegenteil, sie ergänzen sich gegenseitig. Licht und Dunkelheit, diese binäre Symbolik ruft sofort die Erinnerung an die Urszene wach, an das ewig Gültige. Es ist auch das für das alte Mexiko so wichtige Motiv der gefiederten Schlange.

In China war der rote Rabe der Ahnherr der Zhou. Dargestellt auf ihren Bannern, den Zeichen der Befehlshaberschaft, verkörpert er das Prinzip ihrer Autorität. Als der Gründer der Zhou-Dynastie gegen den letzten der Yin in die Schlacht zog, so erzählt die Legende, überquerte seine Armee einen Fluß. Ein roter Vogel kam und setzte sich auf die Barke des Königs. Daraufhin ließ der König den Vogel auf seinem Banner abbilden, da er in dem Tier ein göttliches Zeichen erkannt hatte.[22]

Aber auch die Shang sind mit dem Sonnenvogel verbunden.[23] Der Himmel hatte dem schwarzen Vogel befohlen, sich zur Erde niederzulassen, um diese Dynastie zu grün-

Abb. 29 In der Mitte links das Schriftzeichen wu *(Totem), aus einer Inschrift auf einer Schildkrötenschale.* Wu *ist aus den Elementen Rind (oben) und Fahne (rechts unten) gebildet.*

den.[24] Der Mythos vom Ursprung der Shang im Zusammenhang mit einem schwarzen Vogel ist in Wirklichkeit eine Umwandlung des Mythos von den zehn Sonnen. Auch sind die Shang mit dem Maulbeerbaum verbunden. Es ist beson-

Abb. 30 Totemistische Darstellung des Goumang: viereckiges Gesicht und Vogelkörper.

Abb. 31 Ein Vogelmensch. Motiv auf einem Bronzegefäß. (Zeit der Streitenden Reiche.)

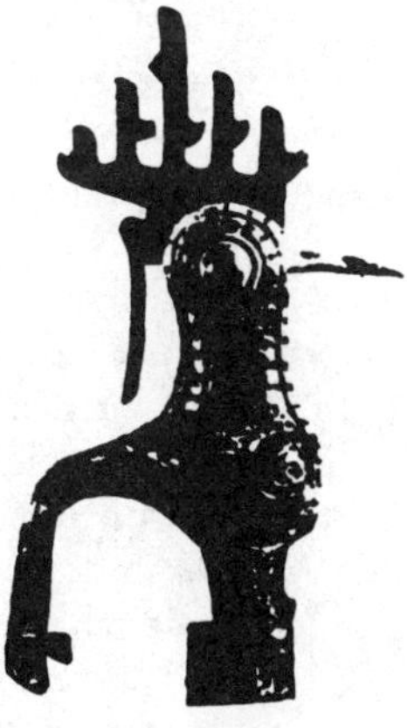

Abb. 32 Vogel auf dem Deckel einer auf das 2. Jahrtausend v. Chr. datierten Bronze.

Abb. 33 Motiv eines Vogels mit Schopf. Shang-Stil.

ders interessant, daß nach den Beschreibungen der Bronzeinschriften der Baum zahlreiche Münder trägt. Und wirklich stellt man fest, daß Vögel auf seinen Zweigen sitzen.[25]

Zudem bestätigen andere Texte, daß sich Raben im Inneren der Sonne aufhalten.[26] Die Entdeckung des Han-Grabes von Mawangdui[27] nahe Changsha in Hunan (in der Gegend des antiken Staates Chu) brachte eine Darstellung von neun Sonnen auf den Zweigen eines Baumes ans Licht. Auch sprechen die Texte davon, daß die Menschen der Urzeit in Nestern wohnten.[28] Der Maulbeerbaum kommt auch im Mythos von der Geburt des *Yiyin* vor. Und die Inschriften auf den Bronzen und Schildkrötenpanzern bezeugen die Verehrung des *Yiyin*, als wäre er ein wichtiger Ahnherr der Shang, während er doch tatsächlich, wie wir gesehen haben, der Gefolgsmann eines Ministers war. Sein Name, dessen Schriftzeichen man als »Kui« interpretiert hat[29], der Drache mit einer Pfote, taucht tatsächlich auf. Doch muß man auch andere Interpretationen berücksichtigen, die darauf bestehen, der Schnabel des Vogels zeichne sich in dem Piktogramm ab. Der Drachenvogel *Yiyin* bestätigt auf diese Weise, was die Überlieferung über den Ursprung der Shang berichtet (Abb. 30–34).

Wenn es darum geht, die Frage der Totems in China zu erörtern, bietet die Schlange ein ausgezeichnetes Beispiel. Dieses Tier wird auch in Indien als Spender der universalen Fruchtbarkeit geachtet, wo es dem Volksglauben nach die Unfruchtbarkeit der Frauen verhindert. In China wurden im Fürstentum Lu (heutiges Shandong) die Regen-Rituale von Männern geleitet, die den Drachentanz aufführten. Tatsächlich waren diese Tänze sexueller Natur, und sie sollten den bittenden Familien Nachkommenschaft schenken.

Man erzählte, daß es, um den Regen aufzuhalten, genügte, den Frauen den Zugang zu den Märkten zu verbieten, und so eine Trennung zwischen der Welt und ihrer möglichen Fruchtbarkeit herzustellen.[30]

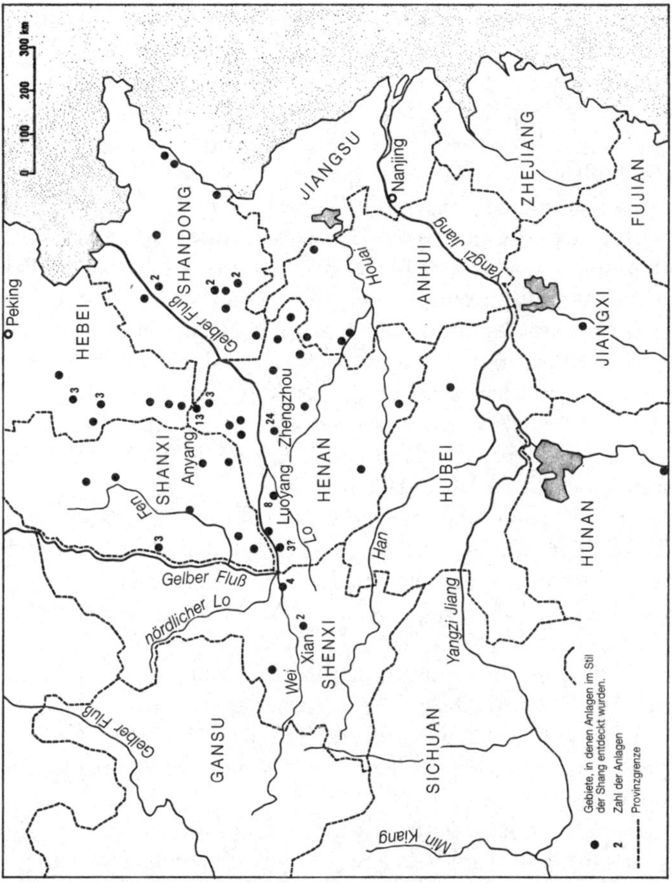

Karte 4. Anlagen der Shang

Wenn die Schlange am Ursprung dieser magischen Macht steht, so beruht dies auf der ihr eigenen Fähigkeit, sich zu verwandeln und zu erneuern. Indem sie den Schöpfungsakt wiederholt, versucht sie ein wenig, die Unsterblichkeit zu erlangen. Sie lebt unter der Erde, im Verborgenen und in der Dunkelheit. Kein Lebewesen wäre besser geeignet, den

Geist der Verstorbenen zu verkörpern. Diese Mischung erlaubt ihr, alle Geheimnisse der Welt zu kennen, und das umso mehr, als sie mit dem Element Wasser verbunden ist. Zahlreiche Sagen schildern Schlangen und Drachen, die die Wolken beherrschen, in Teichen und Sümpfen leben und die Welt mit Wasser versorgen.

Dies wird auch durch die Ikonographie der indianischen Kulturen bestätigt, wo das Binom Schlange – Wasser extrem häufig ist. *Tlaloc,* der mexikanische Gott des Regens, wird in der Gestalt zusammengerollter Schlangen dargestellt.

Bestimmte Tierarten wurden, vielleicht wegen der besonderen Kraft und Vitalität, die sie ausstrahlen, von der Gruppe zur Identifikation ausgewählt. Das Tier wird dann so vertraut, daß man es schließlich als Verwandten, als Vater, und daher als Talisman, Beschützer und Symbol für das Leben des Clans betrachtet.

Daraus folgt, daß wegen des heiligen Charakters des Tieres sein Fleisch nicht verzehrt werden darf. Mehrere chinesische Quellen betonen denn auch – unter Hinweis auf das im *Ritual der Zhou*[31] wiederholte Prinzip, »dem heiligen Pferd kein Pferd zu opfern« – das Verbot, bestimmte Tiere im Rahmen von Opfern zu Ehren ihres eigenen Ahnherrn zu schlachten. Und so ist es Brauch, daß die fünf Opfertiere (Rind, Widder, Schwein, Hund, Hahn) nicht einem Tier der gleichen Art geopfert werden, da das Opfer nicht von derselben Art sein darf wie der Gott.

Man kann jetzt natürlich sich fragen, ob die Texte nicht widersprüchlich sind, da einige sagen, daß man nicht seinesgleichen ißt, während es an anderer Stelle heißt, daß die Götter »nicht essen, was nicht von der Art ihrer Familie ist«.[32]

Vielleicht ist dies, wie Emile Durkheim vorschlägt, so zu verstehen, daß es ursprünglich kein Verbot gab, und die großen Gründerahnen der Clans regelmäßig von ihrem Totem aßen. Erst später wurden die Verbote streng. In gemäßigter Form vom Totem zu essen, heißt außerdem nicht, daß es von allen verzehrt werde konnte. Als heilige Nahrung ist es *per definitionem* für Profane untersagt.[33]

In den Gesellschaften des totemistischen Typs unterliegen die Tiere und Pflanzen, die den Clans ihren Namen gegeben haben, tatsächlich besonderen Verboten. Aber man braucht wohl nicht hinzuzufügen, daß das Verbot bestimmter Arten nur ein Mittel unter anderen ist, ihre Bedeutsamkeit zu bekräftigen.[34]

Bei den Paiwan dürfen schwangere Frauen weder eine Schlange töten, noch die abgestreifte Haut einer Schlange auf dem Weg überschreiten, noch eine Schlange verzehren. Sonst laufen sie Gefahr, daß der Fötus, den sie im Leib tragen, vorzeitig stirbt. Diese Notwendigkeit, den Fötus zu schützen, drückt das besondere Verhältnis aus, das ihn mit dem Tier verbindet, dessen *alter ego* er werden soll, mit der Folge, daß das Tier als Bewohner dunkler Orte den Fötus am Verlassen des Uterus hindern kann. Wenn der Holzschnitzer bei den Paiwan sich an die Arbeit macht, das Abbild des Ahnen herzustellen, so ist dieser Erschaffungsritus von großer Feierlichkeit umgeben. Die Anwesenheit schwangerer Frauen wird dabei nicht geduldet, um die Verbindung, die der Künstler zwischen der Menschenwelt und der Götterwelt zu knüpfen im Begriff ist, nicht zu gefährden. Das Schnitzwerk, das aus lebloser Materie durch die Hand des Künstlers lebendig geworden ist, bewirkt eine wahrhafte Übertragung von Leben, von Vitalkraft. Die Gottheit sichtbar zu machen, bedeutet für den Künstler der Paiwan die Rückkehr zu den Quellen eines Wissens vor dem Beginn der Zeiten, wodurch der Zusammenhang des Universums mit dem Menschen in Frage gestellt wird – ein heiliges Unternehmen, das an den Schöpfungsakt erinnert.

Aber die Tabus betreffen bei den Paiwan nicht nur die Schlange. Unter den Tieren der lokalen Fauna genießt auch der Affe eine besondere Behandlung, und die Hirse, das Grundnahrungsmittel der Paiwan, wird ebenfalls als heilig betrachtet.

Zahlreiche Tabus beachten die Paiwan in den Zeiten der Aussaat und der Ernte. Die an einem Tag gekochte Nahrung darf nicht am darauffolgenden Tag verzehrt werden. Außerdem ist es verboten, mit Leuten zu reden, die nicht zur Familie gehören (vor allem mit schwangeren Frauen).

Um noch ein Beispiel für totemistische Vorstellungen anzuführen, seien noch ein paar Anmerkungen zu den Lukai auf Taiwan gemacht.[35] Bei diesem Volksstamm ist die Schlange auf den *Lomutan* geschnitzt, den Zentralpfosten des Hauses; damit steht sie allen Familienzeremonien vor. Bevor die jungen Leute ihr Elternhaus verlassen, beten sie vor der Schlange darum, ihr Ahn möge sie bis zu ihrer neuen Bleibe beschützen. Und vor ihr wurde einst auch der Jüngling bestraft, der unerlaubte Beziehungen zu einem jungen Mädchen gehabt hatte. Man ließ ihn sich vor dem Ahnen ausziehen und peitschte ihn mit dünnen Zweigen.

Die Tierverwandlung

Als Zeugnis der Wesensverwandtschaft zwischen Mensch und Tier ist die Verwandlung eine Stufe in dem Prozeß der Heiligung des Tieres.

Wir haben bereits erwähnt, daß in China die Ahnen immer die Fähigkeit besessen hatten, Tiergestalt anzunehmen, und damit die Unterschiedslosigkeit des Ursprungs zu bezeugen. Die folgende berühmte Sage erzählt ein Ereignis aus der Zeit der Xia-Dynastie, als deren himmlisches Mandat sich dem Ende zuneigte: Eines Tages besuchten zwei Drachen den Hof der Xia. Sie erklärten, sie seien ursprünglich zwei Prinzen, die von *Yu dem Großen* abstammten, und spuckten etwas Speichel aus, der fortan sorgfältig aufbewahrt wurde. Eines Tages geschah es, daß der Speichel im Palast ausfloß und sich in einen Drachen verwandelte. Ein junges Mädchen, das sich in dem Saal des Palastes aufhielt, wo dieses Ereignis stattfand, gebar einige Zeit später ein Kind, das im Lande der zwei Drachen aufgezogen wurde.[36]

Ähnlich traten die Ahnen der Herren von Lu in Gestalt von Schlangen auf.[37] *Kun* ist vor den Augen seiner entsetzten Frau in Gestalt eines Bären erschienen[38], und sein Vater *Zhuanxu* ist als Fischfrau wiederauferstanden.[39] Bei den im Westen unter dem Namen Oronchon bekannten Elunchun[40], nomadischen Jägern, die im Nordwesten von Heilongjiang und in der Mongolei lebten, glaubt man, daß der Bär, weil er sich nach Art des Menschen aufrechtstellt, mit diesem blutsverwandt sei. Man nennt ihn *Yaya,* Großvater, oder *Taitie,* Großmutter. Eine ihrer Sagen erzählt, daß einst ein Jäger von einer Bärin gegriffen und gefangengehalten wurde. Einige Zeit später schenkte sie einem Bärchen das Leben. Eines Tages mußte die Bärin, die in ihrer Wachsamkeit nachgelassen hatte, feststellen, daß der Jäger entflohen war. Sie spürte ihn auf, als er gerade dabei war, auf einem

Floß einen Fluß zu überqueren. Rasend vor Wut schnitt sie ihr Bärchen in zwei Teile und warf die eine Hälfte auf das Floß des Jägers, während sie die andere für sich behielt. Die Hälfte des Jägers wurde ein Elunchun, während die andere Hälfte Bär blieb.[41] Die Tungusischen Schamanen und namentlich die Elunchun ahmen in ihren Tänzen den wiegenden Gang und das Schwanken des Tieres nach, was an die Berichte der chinesischen Überlieferung von dem berühmten »Schritt des *Yu*« erinnert.[42] Man weiß auch, daß *Yu* das Lehen der Xia in der Provinz Henan besaß. Henan aber ist vom Gebiet der Elunchun nicht so weit entfernt, als daß sich zwischen ihnen und den Chinesen keine Kontakte hätten entwickeln können.

Die Tiergestalt anzunehmen bedeutet, sich zum Meister der Eigenschaften des Tieres zu machen. Der Begriff, der im Chinesischen »unterwerfen« heißt (in dem Sinn, wie *Huangdi* die hundert Tiere unterwarf), bedeutet gleichzeitig »als Verkleidung tragen«. Für die Chinesen ermöglicht das Tragen des Fells eines gestreiften Pferdes mit weißgestreiftem Kopf, eine zahlreiche männliche Nachkommenschaft zu erhalten.[43] Für die Elunchun bedeutet das Tragen eines Bärenfelles oder das Nachahmen seines Verhaltens, sich die Weisheit, die Intelligenz und die Geheimnisse des Tieres anzueignen.

Um ein letztes Beispiel zu erwähnen: In China pflegte sich ein Soldat, der seinen Feind angreifen wollte, mit einem Tigerfell zu bekleiden. Mit den Attributen eines Tieres zu tanzen und Tieropfer darzubringen, mit denen zugleich die Orte und die Repräsentanten der göttlichen Welt geweiht werden, ist ein Mittel, das Band, das die zwei Welten vereint, aufs neue zu bekräftigen.

Die Kunst

Will man den Geist einer vergangenen Epoche erfassen, so bezieht man sich auf seine Kunst. Sie ist ein wunderbarer Ausdruck des innersten Seelenlebens und Wesens einer Gesellschaft. Denn Kunst bildet die einzige von allen Unternehmungen des menschlichen Geistes, die fähig ist, eine Kultur getreu widerzuspiegeln.

Unter den unzähligen Werken der chinesischen Kunst gibt es eines, das das Motiv des Totems vollendet illustriert. Es handelt sich um die berühmte Bronze aus dem Museum Cernuschi, die unter dem Namen »Tigerin« bekannt ist. Sie gibt das Bild einer beschützenden, friedlichen und wohlwollenden Ahnin in Verbindung mit einem glücklich aussehenden Menschen ab, ein Motiv, das man in der Kunst mehrerer Kulturen findet: der Mensch wird gezeigt, wie er in den Bauch des Ahnenungeheuers eintritt, um dort symbolisch zu sterben und sich zu erneuern. Dies ist ein Ausdruck der Suche nach der ursprünglichen Ungeschiedenheit in der kosmischen Nacht und der Rückkehr ins Chaos, die der Wiedergeburt vorausgeht. Es ist der Mensch, der aus der Tigerin Erde geboren wird, denn der Tiger mit seinem Fell ist ein Symbol des *Yin* und der Erde, und die zwei Personen erinnern an die Vereinigung im ewigen Leben.

Es ist klar, daß der primitive Mensch glaubte, er käme aus seinem Totem und kehre dorthin zurück. Aber das Wichtige ist nicht so sehr das Totem selbst, als vielmehr dessen Symbol, das es dem Individuum gestattet, sich zu transzendieren.[44]

Der Sonnenvogel, das bevorzugte Motiv der Shang-Kunst, wird manchmal mit einem Kind in seinen Krallen gezeigt. Die chinesische Literatur bestätigt durch zahlreiche Belegstellen die Assoziation von Eulen und Kindern. Holzschnitzereien der Indianer von der nordwestlichen Pazifikküste stellen ebenfalls einen Vogel begleitet von einem kleinen Kind dar.[45]

Der Vogel symbolisiert die Luft und den Geist. Eine ganze Reihe von Bronzen illustrieren die Vorstellung von einem Vogel, der aus dem Maul der Schlange hervorkommt. Hier handelt es sich nicht um eine Entgegensetzung der zwei Tiere, wie im Fall des Tigers und des Kindes, sondern im Gegenteil um eine Szene der Vereinigung der Gegensätze, eine Osmose der *Yin*- und der *Yang*-Kräfte.

Man hat sich oft gefragt, ob es im China der Shang Totempfähle gegeben hat. Die Frage ist weit davon entfernt, geklärt zu sein, aber man hat in Anyang Knochenschnitzereien gefunden[46] (Abb. 34), deren vertikale Anordnung von überwiegend tiergestaltigen Motiven in vieler Hinsicht an die Darstellungen totemistischer Art von der Nordwestküste des Pazifik und aus Südostasien erinnert. Man weiß, daß die Symbole vor ihrer Gestaltung in Bronze wahrscheinlich auf Holz gemalt oder geschnitzt wurden. In Anyang gefundene Spuren von hölzernen Ritualgefäßen, die ihre Abdrücke im Boden hinterlassen haben, legen diesen Schluß nahe, wobei die Motive Drache, *Taotie,* Grille, Tiger und Vogel vorkommen.[47]

Das Motiv des *Taotie* (Vielfraß) ist eines der am meisten verbreiteten im pazifischen Raum. Man findet es in Hainan, Borneo, Sumatra, Neuguinea, Taiwan und im alten China, in Mexiko und an der Nordwestküste Kanadas.

Ein anderes, ebenso häufiges Motiv ist das des Menschenkopfes mit Schlangenkörper, das man im alten China, auf den Salomoninseln, in Mexiko und auf Taiwan bei den Paiwan-Eingeborenen findet, wo die in Holz oder Stein gebildetete allgegenwärtige Schlange, von der ein mächtiges Mana ausgeht, eine geachtete und gefürchtete Gottheit ist. Bei den Paiwan handelt es sich um »die Schlange der hundert Schritte« (Abb. 41), die in der Eingeborenensprache *»Vorovoron«* (der Älteste) oder *»Sura Pülünggu«* (Geist der Schlange) heißt und als der Ahn ihrer Adelsklasse gilt.[48] Man

Abb. 34 Knochenschnitzereien. Menschenkopf und Schlangenkörper. Anyang (Henan).

findet die Schlange als Verzierung auf Gegenständen, auf dem Türsturz, den Balken, den Türen, und sie erhebt sich als Verteidiger und Beschützer der Gruppe.

Die Darstellung des Tieres als dekoratives Motiv umfaßt folgende Varianten: Bald handelt es sich um ein menschliches Gesicht, das von einem Schlangenkörper getragen wird, bald um eine menschliche Gestalt mit erhobenen Armen und Schlangen an den Fußspitzen und auf dem Kopf, bald auch um die Schlange als Einzelmotiv auf Friesen, wo sie sich mit menschlichen Köpfen und Tierköpfen abwechselt.

Das Motiv der »Drei Köpfe«, von dem in der chinesischen Literatur viel die Rede ist[49], findet sich auch in Indonesien und bei den Paiwan in Taiwan (Abb. 35–38).

Das in Xinyang[50] (Abb. 42–45) in Henan entdeckte Motiv des »Ungeheuers mit heraushängender Zunge« ist auch ein bevorzugtes Motiv des pazifischen Raumes, es kommt häufig bei den Paiwan, auf Borneo, in Neuguinea, Neuseeland, an der Nordwestküste der Vereinigten Staaten, sowie in Mexiko vor.

Diese sehr verbreiteten Motive sind vielleicht in Westasien entstanden, von wo sie sich, durch die Einwirkung örtlicher Traditionen leicht modifiziert, fortlaufend nach Osten ausgebreitet haben könnten. Bestimmten Hypothesen zufolge[51] sollen mehrere Stilformen zu unterscheiden sein. Als erstes handelt es sich um den »alten pazifischen Stil«, der um das 3. Jahrtausend vor Chr. erscheint und sich über Sumatra, Celebes und Südamerika verbreitet, wo man noch zuverlässige Spuren findet. Der alte pazifische Stil wäre dann dem Shang-Stil vorausgegangen, den er tiefgreifend bis ungefähr ins 12. Jahrhundert v. Chr. beeinflußt hätte. Der Shang-Stil zeigt bereits eine sehr deutliche Weiterentwicklung, denn er ist durch das Motiv des Auges, das Spiral-Motiv und das Motiv des Donners ergänzt. So erscheint der chinesische *Taotie* als eine Weiterentwicklung des pazifischen. Die Kunst der Paiwan, die wegen der relativ geringen Weiterentwicklung dieser Gruppe vollkommen erhalten geblieben ist, bringt dies deutlich zum Ausdruck.

Da nun die Kunst des pazifischen Raumes, Amerikas und Chinas sich so offensichtlich auf eine gemeinsame Wesensschicht bezieht, sollten wir die außerordentlichen Perspektiven bedenken, die eine Gegenüberstellung dieser verschiedenen Welten ergeben könnten, damit das Puzzle der Geschichte der chinesischen Welt Stück für Stück wieder zusammengesetzt und schließlich der so lange erwartete Film des Menschengeschlechts sich unseren gespannten Blicken offenbart.

Abb. 35 Motiv der drei Köpfe. Stikkerei der Paiwan.

Abb. 36 Motiv der drei Köpfe. Paiwan.

Abb. 37 Motiv der drei Köpfe. Paiwan.

Abb. 38 Auf dem Seidenmanuskript von Changsha (Hunan) gefundenes Motiv der drei Köpfe. Zeit der Streitenden Reiche.

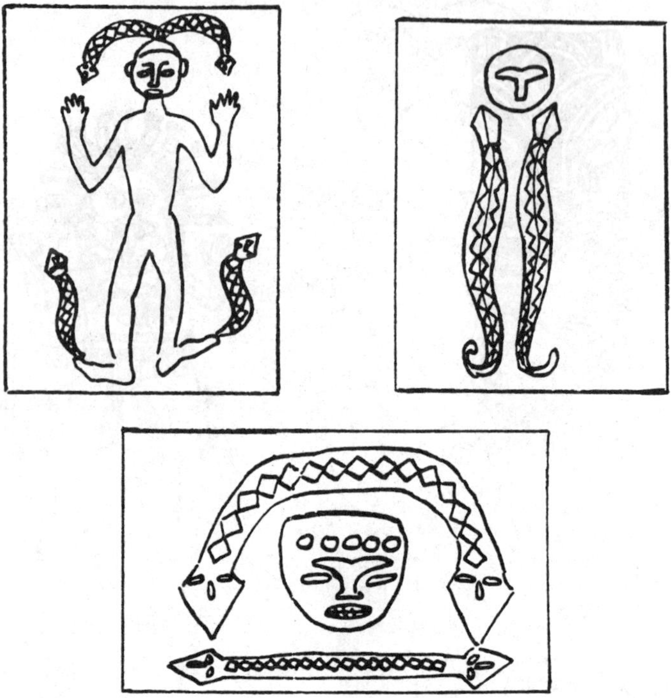

Abb. 39–41 Das Motiv der Schlange in der Paiwan-Kunst.

Abb. 42 Ungeheuer mit heraushängender Zunge. Changsha, China.

Abb. 43 Ungeheuer mit heraushängender Zunge. Maori von Neuseeland.

Abb. 44 Ungeheuer mit heraushängender Zunge. Mexiko.

Abb. 45 Ungeheuer mit heraushängender Zunge. Neuguinea.

Schlußfolgerungen

Wenn es um eine Bewertung dessen geht, was wir über das archaische China wissen oder zu wissen glauben, so müssen wir feststellen, daß die tatsächlich verfügbaren Zeugnisse seiner ältesten Vergangenheit dürftig sind. Unser einziges Erbe bilden Legenden, historisierte Mythen sowie Objekte, die unleugbar verführerische Perspektiven eröffnen, aber auch manche Gefahr mit sich bringen. Indessen sind Legenden und Mythen keine zufälligen Erscheinungen. Sie sind eingebettet in eine geistige und soziale Struktur, und man hat feststellen können, daß sie an ganz bestimmte Regionen geknüpft waren. So repräsentierten sie lokale Traditionen und damit vielleicht die geistige Substanz, auf der die Geschichte beruht.

Die archäologischen Funde werden von Tag zu Tag mehr, können aber aus Mangel an Zeit und sachkundigem Personal noch nicht schnell und erschöpfend ausgewertet werden. Die chinesische Erde gibt heute tatsächlich zuviel auf einmal von ihrer Vergangenheit frei. Damit stürzt sie die Welt der Wissenschaft abwechselnd in Begeisterung und Verwirrung – man sieht frühere Hypothesen und Theorien zugunsten neuer, völlig andersgearteter zusammenbrechen, die kurze Zeit vorher noch völlig undenkbar gewesen wären. Die unter solchen Umständen leicht aufkommende Ratlosigkeit nötigt die Wissenschaft, sich bei der Einordnung der neuen Fakten vor voreiligen Interpretationen zu hüten. Es wird noch viel Zeit brauchen, bis eine Forschungsarbeit organisiert werden kann, die die notwendige Präzision und Strenge aufweist, um uns erste Ergebnisse für eine Rekonstruktion der Geschichte Chinas zu liefern.

Für den jetzigen Zeitpunkt können wir im Licht der neueren archäologischen Entdeckungen feststellen, daß wahrscheinlich mehrere Kulturen gleichzeitig auf dem chinesischen Kontinent existiert haben. In diesem Zusammenhang scheint klar, daß der Gelbe Fluß – im Gegensatz zu den bisherigen Auffassungen – in den Anfängen weder der einzige Lebensbereich der frühen Chinesen war, noch die einzige Region bildete, in der China entstanden ist. Als Chang Kwang-chih 1963 *The Archeology of Ancient China* schrieb, vermutete er bereits, daß der Süden, wo Kulturen neolithischen Typs ihren Fortgang nahmen, im Verhältnis zum Norden, wo bereits eine Bronzekultur existierte, einfach in der Entwicklung zurückgeblieben sein könnte. Tatsache ist, daß die geographische und kulturelle Vereinigung erst mit der Zeit der Streitenden Reiche wirklich begonnen hat. Zugleich aber besteht kein Zweifel, daß Kontakte stattgefunden haben. Spuren von chinesischem Kultureinfluß finden sich mehr oder weniger überall auf dem Kontinent, und umgekehrt können auch fremde Einflüsse im Inneren des chinesischen Kerngebietes nachgewiesen werden. Es ist sicher, daß es ursprünglich keine Grenzen gab und die Chinesen weit davon entfernt waren, als Herren eines zivilisierten Inselchens inmitten von »Barbaren« die einzige Bevölkerung zu bilden. Auch Henri Maspero hat betont, daß diese Barbaren manchmal – was jedoch nicht auf alle Volksstämme zutrifft – nichts anderes waren als Kulturen, die in ihren Bergen, Sümpfen oder Wäldern abseits von der Kulturentwicklung, die die Bevölkerung der Ebenen erfaßte, zurückgeblieben waren.

Was die chinesische Kultur anbelangt, so hat man lange versucht, ihren Ursprung zu finden. Manche haben vermutet, sie könnte aus dem Westen von den alten Kulturen des Mittelmeerraumes stammen. Der schwedische Archäologe Johan Gunnar Andersson hat anhand seiner Funde auch gezeigt, daß Gefäße aus gebranntem Ton mit Verzierungen und Abbildungen von stilisierten Vögeln verblüffende Ähnlichkeiten mit Keramiken aus Persien und Turkestan aufweisen, womit er den Beweis für Kontakte zwischen diesen verschiedenen Völkern auf dem Weg über das Tarimbecken oder Zentralasien erbrachte. Aber es handelt sich mehr um einen Einfluß als um einen Ursprung. Die sogenannte Kultur von Longshan, die durch eine schwarze Keramik gekennzeichnet ist, möglicherweise eine lokale Spezialisierung der Kultur von Yangshao, scheint ebenfalls eine geographische Verbindung zu markieren, die sich von Liaoning in Shandong über Fujian bis nach Taiwan erstreckt.

Bleibt zu erklären, wie diese Wanderungen oder Einflüsse stattgefunden haben können. Allgemein gesagt sind die bis heute vorliegenden Erklärungsversuche wenig befriedigend. Aber wenn es wahr ist, daß die Miao im Becken des mittleren Laufes des Gelben Flusses gelebt hatten, ehe sie durch Stammeskämpfe gezwungen wurden, ihr Ursprungsgebiet zu verlassen, ebenso wie die Tungusen in Heilongjiang und in der Mongolei, die ebenfalls ursprünglich die Zentralebene des Gelben Flusses bewohnten (um das 4. Jahrtausend v. Chr.), ehe sie im Laufe der Shang-Zeit von den Chinesen nach Nordosten abgedrängt wurden, so könnte man damit eine Erklärung für die Mythen haben, die den verschiedenen Gruppen gemeinsam sind, für die wechselseitigen Einflüsse im Bereich der Kunst, und vielleicht auch eine Rechtfertigung für die Theorien, die den Tungusen die Erfindung des Dreifußes zuschreiben.

Außerdem ist es von großer Bedeutung, daß bestimmten Gottheiten geweihte Kulte häufig mit bestimmten Regionen verbunden sind.

Dies gilt namentlich für die von den Bewohnern des Staates Qi (heute Shandong) überlieferte Sage von *Chiyou*, für die Legende von *Fuxi* und *Nügua*, die wahrscheinlich aus dem Süden, von der Miao-Gruppe stammt und von dem zur Han-Zeit halb sinisierten Staat Chu weitergegeben wurde, und schließlich für den Mythos von *Yi dem Bogenschützen* und den zehn Sonnen, ein Motiv, das für den gesamten pazifischen Raum von Bedeutung ist. Um ein letztes Beispiel anzuführen: Man hat festgestellt, daß die Eingeborenen von Taiwan (hauptsächlich die Gruppen der

Paiwan und der Lukai) in ihrer Kunst alle Eigenarten des sogenannten »alten pazifischen Stils« aufweisen, der dem Shang-Stil vorausgeht, womit die Grundlagen für die Hypothese geschaffen sind, wonach all diese Gruppen chinesischer Abstammung wären. Sie wären dann aus einer Welle von Wanderungen hervorgegangen, die sich über Taiwan bis zur Nordwestküste Nordamerikas erstreckt hätte.

Durch den Archaismus ihrer Techniken, die vollkommene Bewahrung des größten Teils ihrer Glaubensvorstellungen, ihrer Sprache und ihres Brauchtums – vielleicht wegen ihrer Lage abseits von den großen Verkehrswegen – liefern uns diese nichtchinesischen Populationen in den Randgebieten nicht nur die Mittel, ihre Geschichte zu rekonstruieren, sondern sie sind uns auch von Nutzen, um die chinesische Geschichte zu vervollständigen.

Die Elunchun aus Heilongjiang, die Li aus Hainan, die Eingeborenen von Taiwan, die Miao und Wa aus Yünnan verraten uns durch ihre Überreste die Ursprünge der Sozialgeschichte eines Teils der asiatischen Welt. Aber es sei daran erinnert, daß beim vergleichenden Studium von Menschengruppen Vorsicht geboten ist, um, wie E. Sapir betont, »den zahlreichen Ähnlichkeiten, die die gesellschaftlichen Organisationsformen primitiver Völker mit denjenigen entwikkelter Kulturen verbinden, wenigstens die gleiche Aufmerksamkeit angedeihen zu lassen, wie den auffälligen Unterschieden, die sie voneinander trennen.«

Auf die Nachahmung eines ursprünglich auf einen bestimmten geographischen Sektor beschränkten Modells oder auf eine einfache Konvergenzerscheinung, eine äußere Übereinstimmung, zu schließen, kurz, einen evolutionistischen oder diffusionistischen Standpunkt einzunehmen, war nicht das Thema dieser Arbeit. Wenn wir bestrebt waren, die Tragweite gewisser Homologien oder Konvergenzen nicht zu vernachlässigen, so geschah dies nicht mit dem Ziel, sie systematisch einem historischen Kontakt zuzuschreiben, was wir auch nicht beweisen könnten, sondern als der Versuch, ihre tiefe Bedeutsamkeit zu analysieren, sie zu entschlüsseln, um, ausgehend von fragmentarischen Elementen, die uns die Literatur und Kunst Chinas und seiner unmittelbaren Nachbarn liefern, eine untergegangene Kultur im Kern zu rekonstruieren. Und wenn einzelne dieser Nachbarn wirklich aus einer gleichen kulturellen Grundschicht hervorgegangen sind, so hätten wir Grund zur Freude, denn dann wären wir damit im Besitz des kleinsten verfügbaren gemeinsamen Nenners, der geeignet wäre, den Ausgangspunkt eines gigantischen Mechanismus zu spiegeln.

Der Stand der Diskussion

Wenn man sich heutzutage der Frage nach dem primitiven China zuwendet, verfügt man über die Hilfe einer reichhaltigen Materialsammlung, die vom Anfang des 20. Jahrhunderts stammt und die Frucht der Arbeit renommierter Sinologen, Soziologen, Religionshistoriker, Philologen und Kunsthistoriker ist, die praktisch unerforschte Gebiete erschlossen und einen außerordentlichen Beitrag zu den chinesischen Studien geliefert haben.

Obgleich sich in unseren Tagen die Arbeitsmethoden gewandelt haben und eine zunehmende interdisziplinäre Forschung es in Zukunft möglich machen wird, gewisse bisher vernachlässigte oder schlecht verstandene Punkte aufzuklären, wird niemand den Wert dieser ersten Arbeiten bestreiten.

Tatsächlich arbeiteten ihre Autoren als Pioniere über Texten, die sich auf eine unmöglich zu datierende Vergangenheit bezogen, eine Frühzeit, die nur allzuoft mit angeblich historischen Ereignissen verknüpft wurde, die aber lediglich auf mythische Überlieferungen und lokale Sagen zurückgingen; überdies waren die Texte zur Zeit ihrer Abfassung der jeweils herrschenden Lehre und vorgefertigten Denkkategorien angepaßt worden.

Man muß anerkennen, daß es in einer viel zu sehr auf Fragmente gegründeten chinesischen Literatur recht schwierig war, unberechtigt vorgenommene spätere Einfügungen und Textverschmelzungen herauszusondern. Marcel Granet hat dies bereits erkannt. Dennoch blieb ihm heftige Kritik nicht erspart, weil er die Texte, deren er sich bediente, nicht genügend in Zweifel gezogen hatte. Ungeachtet dessen war sein Beitrag außerordentlich, denn er ermöglichte es, ein jungfräuliches Gebiet zu erschließen und alle Elemente für eine erschöpfende Analyse der alten chinesischen Welt beizubringen. Granet, dessen Werke praktisch alle im ersten Viertel des 20. Jahrhunderts veröffentlicht wurden, hat nicht nur im Bereich der Erforschung der antiken Gesellschaftsstrukturen, sondern auch auf den Gebieten des chinesischen Denkens und der Religion vieles beigetragen. Ausgehend vom *Shijing*, einer poetischen Anthologie alter Volkslieder, die bei Festen und Ritualen improvisiert wurden, hat er die gesamten Grundlagen des Brauchtums der ländlichen Gesellschaft rekonstruiert. Auch hat er es verstanden, die Grenzen für seine Forschungen zu ziehen, und er zögerte nicht, diejenigen anzugreifen, die er verdächtigte, sich auf einen zu engen Bereich zu beschränken, um davon ausgehend voreilige Schlüsse zu ziehen: Er nannte sie »die Folkloristen«, unter ihnen namentlich De Groot[1], der seine Kritik recht oft zu spüren bekam: »Weder die Methode des Historikers, der sich darauf beschränkt, die Texte allein mit den Mitteln der externen Kritik zu klassifizieren, noch die des Folkloristen, der sich mit den Kriterien begnügt, die der Sprache der eingeborenen Informanden oder einer einzigen Schule entspringen, scheinen mir wirksam, denn beide sind wenig kritisch.«[2]

Unter den Sinologen, die von dem religiösen und philosophischen System der Chinesen angezogen wurden, nimmt Henri Maspero einen wichtigen Platz ein. Seine Pionierleistung war es, die Forschung auf nichtchinesische Gemeinschaften, zum Beispiel die Tai, ausgedehnt zu haben, um sie mit den alten Chinesen zu vergleichen.

Es ist angebracht, hier auch die Namen von Forschern wie Li Chi, Guo Moruo und Bernhard Karlgren zu nennen. Ihre philologischen oder ikonographischen Arbeiten anhand von Inschriften auf Schildkrötenpanzern, Rinderknochen und Bronzegefäßen haben es ermöglicht, die Opfer der Shang und ihre Rituale zu datieren und zu rekonstruieren. Die Liste all derer, die im Laufe der Jahrhunderte durch ihre Leistungen dazu beigetragen haben, die Forschungsergebnisse über die Geschichte des alten China zu vervollständigen, wäre lang.

Was wir über die antike chinesische Kultur wissen, über ihre Denkweise, ihr Brauchtum und ihre Folklore, stammt hauptsächlich aus schriftlichen chinesischen Quellen, darunter auch solche, die vielleicht »Bruchstücke illustrierter Ideologie«[3] darstellen, deswegen aber nicht minder eine Fundgrube an Informationen sind, die die Forschung noch nicht restlos ausgeschöpft hat.

Unter den für unser Thema aufschlußreichsten Dokumenten sind vor allem die Ritenbücher zu nennen:

Das *Zhouli (Riten der Zhou)* (3. oder 4. Jhd. v. Chr.) ist eine etwas utopische Beschreibung der Bürokratie der Zhou-Regierung.

Das *Liji (Buch der Riten)* (1. Jh. v. Chr.) handelt unter anderem von Heirat, vom Tod, von Opfern, von der Musik, von religiösen Begräbnisritualen.

Für die historischen Aspekte kann man sich auf das *Shujing (Buch der Urkunden)* (7. Jh. v. Chr.) beziehen, das zu einem großen Teil aus fiktiven Teilen besteht, die zu verschiedenen Zeiten niedergeschrieben wurden, das aber, und darum geht es uns hier, Bruchstücke mythologischer Erzählungen enthält.

Im *Shijing (Buch der Lieder),* einer poetischen Anthologie, sind 305 Gedichte zusammengestellt, aus denen sich das Landleben in China bruchstückweise rekonstruieren läßt.

Am instruktivsten sind aber wohl die verschiedenen Kalenderchroniken, die man in vereinfachter oder ausgearbeiteter Form in der ganzen chinesischen Literatur findet.

Der älteste dieser Kalender ist der *Kleine Kalender der Xia* (Datierung ungewiß), der im *Dadai Liji (Das Buch der Sitte von Dai dem Älteren)* (1. Jh. v. Chr.) erscheint.

In verfeinerter Form, unter Berücksichtigung der Theorie von *Yin* und *Yang* und den Fünf Elementen erscheint er in den folgenden Texten wieder: das *Lüshi chunqiu (Annalen des Herrn Lü)* (240 v. Chr.), verfaßt während der Amtszeit von Lü Buwei, Minister von Qin (221–207 v. Chr.), im *Huanan zi* (139 v. Chr.), verfaßt unter Liu An, König von Huainan, und schließlich im *Liji* (1. Jh. v. Chr.), Kapitel »Yue-ling« (Monatliche Vorschriften).

Eine Menge Informationen können auch aus Werken wie dem *Fengsu tongyi (Eine Interpretation der Bräuche)* gewonnen werden, das dem Yingshao (140–206 n. Chr.) zugeschrieben wird und von allen Aspekten des täglichen Lebens, von Aberglauben und volkstümlichen Anschauungen handelt.

Das *Shanhaijing (Buch der Berge und Meere)* (zwischen dem 5. und dem 3. Jh. v. Chr.), ein geographischer Bericht, der Götter, Dämonen und übernatürliche Tiere der Mythologie beschreibt.

Alle diese Dokumente, die unter den Zhou (1121–222 v. Chr.) oder später verfaßt wurden und unter anderem auch Anspielungen auf die Sitten der Zhou enthalten, sind reich an Informationen, ohne die es unmöglich wäre, das chinesische Altertum rekonstruieren zu wollen; aber heute gibt es die verschiedensten Disziplinen und Betrachtungsweisen, die es uns ermöglichen, die chinesische Kultur nachzuvollziehen und zu bestätigen, was die Literatur uns darüber vermittelt.

Eine davon ist die Archäologie, die sich der mit eindrucksvoller Geschwindigkeit in allen Teilen Chinas zutage geförderten materiellen Spuren als Beweismittel bedient; die Ethnologie, die sich aus heutigen, vielfach noch primitiven Kulturen in den Randgebieten Chinas inspiriert; und die Soziologie, die sich nicht mit der Beschreibung der gesellschaftlichen Fakten begnügt, sondern wissenschaftlich zeigt, wie sie entstanden und aus welchen Kräften sie hervorgegangen sind.

Als Hilfswissenschaft der Geschichte gestattet die Archäologie die Interpretation der materiellen Spuren einer Vergangenheit, die man bisher nur aus der Schrifttradition kannte. Die Archäologie hat in China zu Beginn des Jahrhunderts unter dem Einfluß westlicher Forscher einen Aufschwung erfahren. Es ist übrigens interessant festzustellen, daß mit der Veröffentlichung des *Gushibian (Kritik der alten Geschichte)* von Gu Jiegang sehr zum Nutzen der wissenschaftlichen Forschung ein neuer historischer Zugang zu China über den Weg der Archäologie, der Geschichtskritik und des Brauchtums eröffnet wurde.[4]

Tatsächlich wußte man über die chinesische Vorgeschichte noch zu Beginn des 20. Jahrhunderts überhaupt nichts. Im Jahr 1920 entdeckte Johan Gunnar Andersson 300 Kilometer von Anyang (Hauptstadt der Shang) entfernt die Anlage von Yangshao, die die Kultur der Steinzeit bezeugte und durch eine rote Keramik mit gewundenen Motiven gekennzeichnet war. 1928 fand man die Anlage von Longshan (Shandong), die sich durch eine schwarze Keramik auszeichnete und einer höherentwickelten Kultur als der von Yangshao zugehörig sein mußte. Möglicherweise bestand sie zeitgleich mit der Bronzekultur.[5] Zwischen 1928 und 1930 wurden die Anlagen von Anyang (Shang) und Xiaotun (Ort der letzten Hauptstadt der Shang), entdeckt, so daß man zwischen 1920 und 1930 sehr genau die Existenz einer chinesischen Kultur der Altsteinzeit und der Jungsteinzeit feststellen konnte. Gleichzeitig wurden in den Shang-Fundorten ausgegrabene Schildkrötenpanzer, Rinderknochen und Bronzen als Zeugnisse der ersten chinesischen Schriftformen interpretiert. Ihre Entzifferung bestätigte – für einen Teil der chinesischen Geschichte –, was die literarischen Dokumente zuvor ausgesagt hatten. Die Ausgrabungen[6] enthüllten, daß die Chinesen die ersten Reisproduzenten der Erde waren und daß das

Tal des Blauen Flusses ebenso wie das Tal des Gelben Flusses ein kulturelles Zentrum war; dann brachten die Ausgrabungen von Erlitou (Provinz Henan) eine noch ältere Kultur als die Shang zutage, die sehr gut der Xia-Dynastie (2207–1766 v. Chr.) entsprechen könnte.

Schließlich wurden seit 1929 in ganz China Zhou-Anlagen ans Licht gebracht. Während des zweiten Weltkrieges wurden nur wenige Ausgrabungen durchgeführt, und eine beträchtliche Verzögerung entstand durch die Kulturrevolution, die die Fortführung der Forschungsarbeit erheblich gefährdete. Seit dem Ende der Siebziger Jahre sind die Arbeiten wiederaufgenommen worden, und die Liste der Entdeckungen ist lang, denn man hat zwischen 5000 und 6000 neolithische Fundorte gezählt.[7]

Die gesammelten Fakten zeigen, daß die Chinesen mehr oder weniger überall im Lande verstreut und nicht, wie man bisher geglaubt hatte, im Tal des Gelben Flusses versammelt waren.

Marcel Granet, ein Anhänger der These vom chinesischen Totemismus, dem es aber nicht möglich war, dies anhand von Texten zu verifizieren, hatte erklärt, daß allein die Archäologie es erlauben würde, hier klarer zu sehen. Chang Kwang-chih besteht in seiner Schlußfolgerung mit guten Gründen auf der Nützlichkeit der Archäologie, die seit fünfzig Jahren eine Menge von Materialien geliefert hat, von denen so manches aus Mangel an Zeit und Fachleuten noch nicht untersucht worden ist.[8] Er betont, in welchem Ausmaß diese Disziplin als Ergänzung zur Geschichtswissenschaft, zur Linguistik, zur Ethnologie und zur Philologie zu sehen ist.

Außerdem unterstreicht er die Dringlichkeit eines vergleichenden Studiums der Kulturen und zeigt, daß auf dem chinesischen Kontinent die nichtchinesischen oder eingeborenen Populationen des Nordens, des Westens und des Südens sehr ähnliche und gegenseitig beeinflußte Entwicklungen genommen haben, wie es durch die Entdeckungen, aber auch durch die Texte bezeugt wird, und nennt schließlich das Beispiel der Untersuchung von Begräbnisbräuchen der Moso (Südwest), die es ermöglicht hat, die Kultur von Yangshao zu verstehen, oder von Untersuchungen über die Sprachen der Eingeborenen von Taiwan, denen Fortschritte im Verständnis Südostchinas zu verdanken sind.

Marcel Granet gibt zu, daß die »Barbaren« oder »Nichtchinesen«, die mit dem Leben in allen Fürstentümern des Landes verquickt waren, sicher eine so tiefe Beziehung zu den alten Chinesen hatten, daß sie ein ausführliches Studium verdienten.[9] Für Henri Maspero hätten manche dieser »Barbaren«, von denen zahlreiche chinesische Texte sprechen, Chinesen sein können, die aufgrund ihrer isolierten Lage der Kulturentwicklung nicht gefolgt waren[10]; und Chang Kwang-chih versichert[11], daß die Kulturen der Shang und Zhou fortlaufende Kontakte mit den Eingeborenen Südchinas hatten, ein Einfluß, den die archäologischen Funde bestätigen.

Es scheint klar, daß die gegenseitige Durchdringung dieser Kulturen tiefer reichte, als bisher angenommen. Besonders bedauerlich ist aber, daß man selten daran gedacht hat, die Intensität dieser Einflüsse zu untersuchen, was mit Sicherheit zur Erhellung bisher ungeklärter Punkte führen würde. Immerhin haben 35 Millionen auf 54 Minoritätenvölker verteilte Nicht-Han (Nichtchinesen) einen vollständigen Querschnitt der gesellschaftlichen Entwicklung in Asien bewahrt und »bieten die Zusammenschau ihrer verschiedenen gesellschaftlichen Wirklichkeiten für die Rekonstruktion der Geschichte an. Einige von ihnen haben die Interpretation des chinesischen Altertums bereits grundlegend beeinflußt.«[12]

Die Forschung, die wir hier zusammengefaßt haben, zeigt, daß die chinesische Kultur sich nicht unabhängig gebildet hat. Das Phänomen ihrer Entstehung erscheint heute komplexer und wird nur durch den Austausch zwischen den verschiedenen Disziplinen zu klären sein.

Anhang

Zeittafel

Die Epoche der kulturgründenden Herrscher

Taihao (persönlicher Name *Fuxi*)
Yandi (persönlicher Name *Shennong*)
2697 v. Chr.: *Huangdi* (persönlicher Name *Xuanyuan*)
2598 v. Chr.: *Shaohao* (persönlicher Name *Jintian*)
2514 v. Chr.: *Zhuanxu* (persönlicher Name *Gaoyang*)
2436 v. Chr.: *Diku* (persönlicher Name *Gaoxin*)
2366 v. Chr.: *Dizhi*
2357 v. Chr.: *Tangyao* (persönlicher Name *Taotang*)
2257 v. Chr.: *Shun* (persönlicher Name *Yuyu*)

Die Geburt Chinas

Xia-Dynastie: (2. Jtsd. v. Chr.) Gründer: *Yu* (2207 v. Chr.)

Shang-Dynastie: (16.–11. Jh. v. Chr.)
Hauptstadt: Zhengzhou (in Henan) (15. Jh. v. Chr.)
Xiaotun (bei Anyang) (14.–11. Jh. v. Chr.)

Zhou-Dynastie (11.–3. Jh. v. Chr.)
A) Westliche oder frühere Zhou (1121–771 v. Chr.)
Hauptstadt: Hao (Shenxi)

B) Östliche oder spätere Zhou (770–222 v. Chr.)
Hauptstadt: Luoyang (Henan)
Frühlings-und-Herbst-Periode (722–481 v. Chr.)
Periode der Streitenden Reiche (481–221 v. Chr.)

Qin-Dynastie: (221–207 v. Chr.)
Vereinigung der verschiedenen Königreiche durch Kaiser Shi der Qin (221–207 v. Chr.) Hauptstadt Xianyang (bei Xi'an in Shenxi)

Han-Dynastie: (206 v. Chr. – 220 n. Chr.)
A) Westliche oder frühere Han
(206 v. Chr. – 9 n. Chr.)
Hauptstadt Chang'an (Shenxi)
Kaiser Gaozu (206–195 v. Chr.)
Kaiser Wendi (180–157 v. Chr.)
Kaiser Wudi (141–87 v. Chr.)
Usurpator Wangmang (9–24 n. Chr.)
B) Östliche oder spätere Han (24–220 n. Chr.)
Hauptstadt Luoyang (Henan)
Kaiser Guang Wudi (25–51 n. Chr.)
Kaiser Mingdi (58–75 n. Chr.)

Anmerkungen

Einführung

1 Durkheim, *Les formes élémentaires de la vie religieuse*, S. 244.
2 Mead, *Moeurs et sexualité en Océanie.*
3 Eliade, *Traité d'histoire des religions*, S. 293.
4 Ebenda., S. 361.
5 Smith, *The Religion of the Semites*
6 Leroi Gourhan, *Le geste et la parole*, S. 24.
7 Lévi-Strauss, *Strukturale Anthropologie*, Bd. I, S. 227f.
8 Chang Kwang-chih, *The Archeology of Ancient China.*
9 Elisseef, *La civilisation chinoise*, S. 36.
10 Gernet, *La Chine ancienne.*
11 Bobot, *L'art chinois.*
12 Platon, *Der Staat*, (Buch 3 und 4).
13 *Liji* (Buch der Riten), Li Gi, Kap. 3 (Die Entwicklung der Sitte), S. 56ff.
14 *Shiji (Historische Aufzeichnungen)*, franz. Übers. von E. Chavannes *Les mémoires historiques*, Bd. II, S. 33.
15 Lemoine, *Ethnologie régionale*, S. 801.
16 Bobot, a.a.O., S. 37.
17 Lévi-Strauss, a.a.O., Bd. I, S. 291.

Kapitel I

1 Granet, *Danses et légendes de la Chine ancienne*, S. 592.
2 Ein Werk über mythische Geographie, das sagenhafte Ungeheuer beschreibt. Kompiliert in der Zeit der Streitenden Reiche.
3 Sammlung von 25 Stücken, gegen Ende der Zeit der Streitenden Reiche zusammengestellt von Qu Yuan.
4 Dem Dong Fangsuo (161–87 v. Chr.) zugeschrieben, wird aber allgemein als ein Post-Han-Text betrachtet. Es handelt sich ebenfalls um ein dem *Buch der Berge und Meere* recht ähnliches Werk über mythische Geographie.
5 *Han Feizi* (5. Jh. v. Chr.). Werk des legalistischen Autors Han Fei.
6 *Baopu zi (Buch des Meisters, der die Einfachheit umarmt)* (4. Jh. v. Chr.). Ein Werk über Unsterbliche, Alchemie und Exorzismen.
7 (722–481 v. Chr.)
8 Granet, *Danses et légendes de la Chine ancienne*, S. 592.
9 Es handelt sich um die Dynastien Xia (2207–1766 v. Chr.), Shang (1765–1122 v. Chr.) und Zhou (1121–222 v. Chr.).

10 Der »nicht kreisende« Berg. Die kosmische Säule, die den Himmel stützt.
11 »Wie der Mensch mit neun Öffnungen«, sagt das *Huainan zi.*
12 *Huainan zi,* Kap. IV.
13 *Huainan zi,* Kap. IV.
14 Karlgren, *Legends and cults in Ancient China.*
15 Vgl. Steingravuren einer Grabstätte in Sichuan, in *Kaogu,* 1979, No. 6, und Steingravuren einer Grabstätte in Jiangsu, in *Wenwu,* 1980, Nr. 2.
16 *Shiji (Historische Aufzeichnungen),* a.a.O., Bd. I, S. 5.
17 Vgl. Charles Le Blanc, »Le mythe de *Fuxi* et *Nügua* et la Tradition orale Miao«, Recherches sur l'Asie de L'Est, *Cahiers du Centre d'études de l'Asie de l'Est,* Université de Montréal, Nr. 2, 1981.
18 Eine der Minderheiten im Südwesten Chinas. Es handelt sich um ein Volk ohne Schrift, das man hauptsächlich in den Provinzen Guizhou und Guangxi findet.
19 *Shiji (Historische Aufzeichnungen),* a.a.O., Bd. I, S. 13.
20 Die Trigramme und Hexagramme bestehen aus ungebrochenen und gebrochenen Linien, die das Männliche und das Weibliche darstellen. Sie sind eine Verdichtung des Kosmos und symbolisieren alle Ereignisse und Zustände des menschlichen Lebens. Diese Symbole bilden den Inhalt des *I Ging (Buch der Wandlungen).* Die Erklärungen zu den Hexagrammen schreibt man dem Zhougong (Herzog von Zhou) zu.
21 Hohe Bergkette, die Tibet von Xinjiang (chinesisches Turkestan) trennt. Es ist der Weltenberg, wo man die Quelle der Unsterblichkeit findet. Dort erblickten *Fuxi* und *Nügua* das Licht der Welt, und dort residiert auch die Königliche Mutter des Westens.
22 Aber auch Gott der Mitte des Jahres. Siehe *Liji (Buch der Riten),* franz. Übers. von F. S. Couvreur *Mémoires sur les bienséances et les cérémonies,* Kap. »Les observances mensuelles«.
23 *Die einfachen Fragen des Gelben Kaisers.* Werk über Medizintheorie, dessen älteste Teile bis ins 3. Jahrhundert vor unserer Zeitrechnung zurückreichen.
24 Charles Le Blanc, »A Re-examination of the Myth of *Huangdi*«, *Journal of Chinese Religions,* 1985–1986, Nrn. 13/14, S. 45–63.
25 *Guoyu, Propos sur les Principautés,* Kap. XX, S. 25.
26 *Les écrits de Dai l'Ancien,* Übers. B. Grynpas, Kap. LXII, S. 132.
27 Ort im Osten. Auch Baum der Sonne und des Königs. Erscheint auch unter der Bezeichnung »Land der Maulbeerbäume«.
28 *Shanhaijing (Buch der Berge und Meere),* Kap. XIV.
29 Granet, *Das chinesische Denken,* S. 32.
30 *Shiji (Historische Aufzeichnungen),* a.a.O., Bd. I, S. 28.
31 *Hanfei zi.*

32 *Shanhaijing (Buch der Berge und Meere)*, Siehe Anm. 35.
33 Drei Sterne des Sternbildes Orion.
34 Der Rabe.
35 Ihr Gebiet waren die Hochebenen von Shanxi. Es gab die Stämme der *Roten Di*, die am Oberlauf des Flusses *Qin* wohnten, der *Weißen Di* in den Wutai-Bergen und der *Westlichen Di* zwischen dem Gelben Fluß und dem Fluß Fen.
36 *Shujing (Die Annalen Chinas)*.
37 Barbarenstämme im Süden und Westen des Gelben Flusses.
38 Name verschiedener Schluchten in den Bergen von Shanxi, Jiangxi und Sichuan.
39 *Huainan zi*, Kap. VIII. *Shanhaijing (Buch der Berge und Meere)*, Kap. VIII.
40 *Huainan zi*, Kap. I.
41 Karlgren, *Legends and cults in Ancient China*.
42 *Guoyu, Propos sur les Principautés*, Kap. IV.
43 *Qianhanshu (Buch der Früheren Han)*, Kap. XXX, S. 15 b.
44 *Shujing (Die Annalen Chinas)*, Kap. »Yao dian«.
45 *Shanhaijing (Buch der Berge und Meere)*, Kap. XV.
46 Das *Buch der Berge und Meere* gibt *Xi-He* ein weibliches Geschlecht: »Jenseits des Südostmeeres gibt es das Land der Xi-He ... Es gibt eine Frau namens Xi-He, die die Sonne im Süßen Abgrund zu baden pflegt ... Sie ist es, die die zehn Sonnen in die Welt gesetzt hat.«
47 Eine Gestalt, die im *Buch der Berge und Meere* mit dem Schwanz eines Leoparden, den Zähnen eines Tigers und in einer Höhle wohnend beschrieben wird.
48 *Lüshi chunqiu (Die Annalen des Herrn Lü)*.
49 In prähistorischen Zeiten lebten die Tai im Süden Chinas. Sie sind erst recht spät nach Indochina ausgewandert.
50 Man findet dasselbe Motiv bei den Saixia (Eingeborene im zentralen Taiwan, die zur Familie der Gaoshan gehören): Am Himmel leuchteten zwei Sonnen. Ein mutiger junger Mann beschloß, gegen eine von ihnen zu kämpfen. Er wanderte jahrelang durch Berge und Täler, dann kam er an den Ort, wo die Sonnen aufgingen. Nun schoß er einen Pfeil ins Herz der Sonne, die gerade aufging. Die Sonne verlor all ihre Kraft und wurde der Mond. Das ist die genaue Entsprechung zum chinesischen Mythos von *Guafu*.
51 Seßhafte Ackerbauern. Die Qiang haben keine geschriebene Sprache. Sie sind Anhänger einer animistischen Religion.
52 Karlgren, *Legends and cults in Ancient China*, S. 262–269.
53 Kap. XVIII.
54 *Contes et merveilles des Philippines*, Übers. v. M. Coyaud und J.-P. Potet.

55 Karlgren, *Legends and cults in Ancient China,* S. 253.
56 *Shenyijing (Buch der Geister und Wunder).*
57 *Shanhaijing (Buch der Berge und Meere).*
58 *Lüshi chunqiu (Die Annalen des Herrn Lü),* Kap. XXII, S. 6.
59 *Shujing (Die Annalen Chinas),* Kap. »Yao dian«.
60 *Shushu jinian (Die Bambusannalen).*
61 Maspero, *Les légendes mythologiques du Shujing.*
62 *Shanhaijing (Buch der Berge und Meere). Shenyijing (Buch der Geister und Wunder).*
63 *Lüshi chunqiu (Die Annalen des Herrn Lü),* Kap. XIX.
64 *Huainan zi,* Kap. XIII.
65 Granet, *Danses et légendes de la Chine ancienne,* S. 461.

Kapitel II

1 Esoterische Abhandlung, Werk von Ge Hong (283–343).
2 M. Éliade, *Schamanismus und archaische Ekstasetechnik.*
3 *Shiji (Historische Aufzeichnungen),* a.a.O., Bd. I, S. 86.
4 *Liji (Das Buch der Riten),* a.a.O., Bd. I, S. 578.
5 Biot, *Le Tcheou li ou Rites des Tcheou* (Riten der Zhou), Bd. II, S. 256–257.
6 *Shiji (Historische Aufzeichnungen),* a.a.O., Bd. II, S. 441.
7 *Buch der Berge und Meere,* Kapitel XVIII.
8 *Shiji (Historische Aufzeichnungen),* a.a.O., Bd. V, S. 9.
9 Eliade, *Schamanismus und archaische Ekstasetechnik.*
10 *Shiji (Historische Aufzeichnungen),* a.a.O., Bd. I, S. 38.
11 *Ebenda,* Bd. I, S. 232.
12 Kaogu *(Archäologie),* 1986, Nr. 11, S. 1000–1004. Wenwu (Kulturerbe), 1983, Nr. 11, S. 15.
13 *Liji (Buch der Riten),* a.a.O., Bd. I, S. 236.
14 *Liji (Buch der Riten),* a.a.O., Bd. I, S. 207.
15 Biot, *Das Ritual der Zhou,* S. 104.
16 Vgl. Kapitel I dieses Buches.
17 Lévi-Strauss, *Strukturale Anthropologie.*
18 *Shanhaijing (Buch der Berge und Meere),* Kap. III.
19 Herausgegeben von Lü Buwei, Minister der Qin. (Qin Dynastie: 221–208 v. Chr.)
20 Vgl. Kapitel I dieses Buches.
21 Wei Juxian, *China and America. A Study of Ancient Communication between the two Lands,* Bd. 1, Hong Kong, 1970. Obwohl die antiken Werke ebenfalls von Menschenopfern sprechen, haben die Kommentatoren der verschiedenen Epochen diese Tatsache oft mit dem Argument bestritten, es hätte sich nur um einen »Barbarenbrauch« handeln können. Vgl. De Groot, *The Religious System of China.*

22 1765–1122 v. Chr.
23 *Shiji (Historische Aufzeichnungen),* a.a.O., Bd. I, S. 173–174.
24 Ein anderer, später verwendeter Name zur Bezeichnung der Shang für die Zeit von der Regierung des Pangeng bis zum Ende der Dynastie.
25 *Shihjing (Buch der Lieder oder Klassiker der Dichtkunst).* Sammlung von 305 Gedichten, die von Konfuzius ausgewählt worden sein sollen. Zitiert aus: *Altchinesische Hymnen,* S. 99. Houji wurde übrigens nach seinem Tod als Fisch wiedergeboren. *Huainan zi*/4.
26 Man findet dieses Motiv auch bei den Atayal auf Taiwan (siehe Karte), für die die Welt in der Urzeit platt war. Es gab weder Berg noch Tal. Eines Tages brach ein Sturm los, und darauf folgte eine Überschwemmung. Das Volk opferte dem Fluß einen Mann, den man für wertlos hielt. Aber die Überschwemmung setzte umso heftiger wieder ein. Der Häuptling des Stammes wußte keinen anderen Rat, als seine eigene Frau als Opfer für den Fluß zu bestimmen. Endlich hörte die Flut auf. Dieses Überschwemmungsmotiv ist allgemein für ganz Südostasien typisch, und der Flußkult ist die genaue Entsprechung des chinesischen Kultes für den Flußgrafen.
27 Eliade, *Schamanismus und archaische Ekstasetechnik.*
28 *Shiji (Historische Aufzeichnungen),* a.a.O., S. 74.
29 Vgl. *Lüshi chungin (Die Annalen des Herrn Lü),* herausgegeben 239 v. Chr.; vgl. auch: *Frühling und Herbst des Lü Bu We. Liji (Das Buch der Riten),* kompiliert im 1. Jh. n. Chr., und *Huainan zi,* kompiliert unter der Leitung von Liu An, Fürst von Huainan, 139 v. Chr.
30 *Lüshi chunqiu (Die Annalen des Herrn Lü),* und *Liji (Das Buch der Riten).*
31 *Liji (Buch der Riten),* a.a.O., Kap. XX, S. 259.
32 Bodde, *Festivals in Classical China,* 1909.
33 Im Jahr 1965 konnte man ein solches Gebäude noch im Dorf Wutai, Präfektur Pingdong, sehen. Vgl. die Arbeit von Chen Chilu, *Material Culture of the Formosan Aborigines.*
34 *Liji (Buch der Riten),* a.a.O., Kap. IV, S. 589.
35 Maspero, *La Chine antique.*
36 *Liji (Buch der Riten),* a.a.O., Bd. II, S. 401.
37 Ebenda, a.a.O., Bd. II, S. 260.
38 John Tu Erwei, *»The Harvest Ritual of the Paiwan Tribe«,* Revue d'archéologie et d'ethnologie de l'université de Taiwan.
39 In Schildkrötenpanzer und Rinderknochen eingeritzte Inschriften.
40 Werk von Xu Shen, zusammengestellt um 100 n. Chr.
41 Biot, *Le Tcheou li ou Rites des Tcheou, (Riten der Zhou),* Bd. 2, S. 225.

42 Maspero, *La Chine antique.*
43 *Liji (Buch der Riten),* a.a.O., Bd. II, S. 190.
44 C. von Fürer Haimendorf, *Les Sherpas du Népal,* Hachette 1964.
45 Schipper, Comment on crée un lieu saint, *Études chinoises,* S. 53.

Kapitel III

1 Lévi-Strauss, *Le totémisme aujourd'hui.*
2 Ebenda.
3 Durkheim, *Les formes élémentaires de la vie religieuse.*
4 Speiser, *China, Geist und Gesellschaft,* Baden-Baden 1959.
5 Lévi-Strauss, *Le totémisme aujourd'hui,* S. 91.
6 Bergson, *Les deux sources de la morale et de la religion,* Paris 1967, S. 192.
7 Durkheim, Les formes élémentaires de la vie religieuse, S. 181.
8 Wieger, *Folklore chinois moderne,* S. 248.
9 Kap. »Shijun«.
10 Übers. J. Lévi, Kap. »Ouvrir la Voie«.
11 Cen Jiayu, *Zhongguo yuanshi shehui shigao,* Minzu chubanshe, 1984, S. 95.
12 *Liji (Buch der Riten),* a.a.O., Bd. I, S. 70.
13 *Shujing (Die Annalen Chinas),* Kap. »Regel des Yao«.
14 Yue galt lange als ein Barbarenland. Vgl. *Shiji (Historische Aufzeichnungen),* a.a.O., Bd. I, S. 162.
15 *Shiji (Historische Aufzeichnungen),* a.a.O., Bd. III, S. 433–434.
16 *Shiji (Historische Aufzeichnungen),* a.a.O., Bd. I, S. 34, und Yuan Dexing, *Names and Totems,* S. 35.
17 *Zuozhuan,* Übers. F. S. Couvreur, 4. Jahr der Regierung von Herzog Yin.
18 Yuan Dexin, *Names and Totems,* S. 26–41.
19 *Shiji (Historische Aufzeichnungen),* a.a.O., Bd. I, S. 173.
20 Yuan Dexin, *Names and Totems.*
21 *Fengsu tongyi (Volkstümliche Traditionen und Bräuche).*
22 *Mu tianzi Shuan (Die Reisen des Kaisers Mu).*
23 Allan, *Myth and Totemism in Early China,* s. 292.
24 *Shijing (Buch der Lieder).*
25 Karlgren, Grammata Recensa. *Bulletin of Far Eastern Antiquities,* XXIX, 1937.
26 *Huainan zi,* Kap. VII.
27 Diese mehr als zweitausend Jahre alte und bis zum heutigen Tag vollkommen erhaltene Grabstätte enthielt unter anderen Objekten ein kostbares Seidenbanner von zwei Meter Länge und 93 cm Breite, das einen Sarkophag umhüllte, und auf dem Szenen der himmlischen und der irdischen Welt dargestellt sind. Manche

Darstellungen sind durch Legenden, andere durch das gesellschaftliche Leben inspiriert.

28 *Huainan zi,* Kap. VIII.
29 Allan, *Myth and Totemism in Early China,* S. 312.
30 Granet, *Danses et légendes de la Chine ancienne,* S. 430.
31 Übers. Biot, S. 256–257.
32 *Shiji (Historische Aufzeichnungen),* a.a.O., Bd. IV, S. 275.
33 Durkheim, S. 183.
34 Lévi-Strauss, *La pensée sauvage,* Paris, 1962, S. 136.
35 Zheng, *Coutumes des Lukai, un peuple aborigéne du sud de Taiwan.* Die Lukai leben im Süden der Insel, wie die Paiwan, deren Nachbarn sie sind, und mit denen sie, namentlich in den Bereichen der Religion und der Kunst, zahlreiche Gemeinsamkeiten haben.
36 Granet, *Danses et légendes de la Chine ancienne,* S. 558–559.
37 *Zuozhuan,* Übers. F. S. Couvreur, Bd. I, S. 533.
38 Eine archäologische Entdeckung in Shandong brachte ein Ungeheuer mit Bärenkörper und Menschengesicht zutage, das mit Waffen tanzt. Vgl. Chavannes, *Mission archéologique,* textes 1, S. 211.
39 Granet, *Danses et légendes de la Chine ancienne,* S. 567.
40 Untergruppe der Tungusen, eine der kleinsten ethnischen Gemeinschaften des chinesischen Kontinents. 1978 waren es 3200. Sie leben an den Rändern des Kinghan-Gebirges.
41 Qiu Pu, *The Oroqens, Chinas Nomadic Hunters,* Foreign Languages Press, Beijing, 1983.
42 Ders., vgl. auch R. Mathieu, *»Rapport de mission chez les Toungouses.«*
43 *Shanhaijing (Buch der Berge und Meere),* 1. Kapitel, S. 7.
44 Sapir, *Anthropologie,* S. 158.
45 Hentze, *Le symbolisme des oiseaux dans la Chine ancienne,* S. 86.
46 Ebenda.
47 Ebenda.
48 Chen Qilu, *Material Culture of the Formosan Aborigines.*
49 *Shanhaijing (Buch der Berge und Meere).*
50 Zhang Kwang chih, S. 404.
51 Chen Quilu, *Material Culture of the Formosan Aborigines.*

Der Stand der Diskussion

1 De Groot, *Les fêtes annuellement célébrées à Emoui.*
2 Granet, *Fêtes et chansons anciennes de la Chine,* S. 3.
3 Granet, *La religion des chinois,* S. 29.
4 Chang Kwang-Chih, *Archeology of Ancient China,* S. 4.
5 Bobot, *L'art chinois,* S. 29.

6 Yin Weizhang, *Archeological Studies of Recent Years,* S. 100.
7 Ebenda, S. 98.
8 Chang Kwang-chih, *a.a.O.*
9 Granet, *Danses et légendes de la Chine ancienne,* S. 11.
10 Maspero, *Les commencements de la civilisation chinoise.*
11 Chang Kwang-chih, *a.a.O.* S. 438.
12 Lemoine, *Ethnologie régionale,* S. 730.

Literaturverzeichnis

Allard G., *Le masque,* Paris, Collection »Que sais-je«, PUF 1984.

Andersson Johan Gunnar, *Researches into the Prehistory of China,* Leiden 1943.

Bacot, J., *Les Mosos,* Leiden 1913.

Beauclair I. de, *Tribal Cultures of Southwest China,* Taibei 1970.

Biot, E., *Le Tcheou li ou Rites des Tcheou* (Riten der Zhou), 3 Bde., Paris 1841.

Bobot M.-T., *L'art chinois,* Desclées de Brouwer, 1973.

Bodde Derk, *The Myths of Ancient China,* in S. N. Kramer (Hrsg.), New York, 1961.

ders., *Festivals in Classical China, New Year and Other Annual Observances during the Han dynasty,* Princeton University Press, 1975.

Cen Jiayu, *Zhongguo yuanshi shehui shigao,* Minzu chubanshe, 1984.

Chavannes Edouard, *Les mémoires historiques de Sema Tsien,* A. Maisonneuve, Paris 1969.

ders., *Mission archéologique en Chine septentrionale,* E. Leroux, Paris, 1913 und 1915.

Chen Qily, *Early Chinese Art and its possible Influence in the Pacific Basin,* Taibei 1967.

Cheng Dequn, *Archaeology in China,* Bd. 3: *Chou China,* Cambridge 1963.

Colani M., Essai d'éthnographie comparée, in *Bulletin de l'EFEO,* Bd. XXXVI, 1937, S. 197–280.

Cordier H., »Le Mosos«, in *T'oung pao,* Reihe 2, Nr. 9, 1908, S. 663–683.

Couvreur S. (Übers.), *Mémoires sur les bienséances et les cérémonies.* Übersetzung des *Liji,* 4 Bde., Paris, Les Belles-Lettres, 1951. Siehe auch *Li Gi.*

ders., *Les annales de la Chine.* Übersetzung des *Shujing,* Paris, Les Belles-Lettres, 1950.

ders., *Tch'ouen ts'iou et Tso tschouan,* Ho Kien Fou, 1914.

Creel H. C., *La naissance de la Chine,* Paris, Payot, 1939.

De Groot J. J. M., *Les fêtes annuellement célébrées à Emoui* (Amoy), Bd. 2, Paris 1886.

ders., *The Religious System of China,* 1. Aufl. Brill, Leiden, 1892–1910.

Dong Zuobin, *Anyang fajue baogao* (Bericht über die Ausgrabungen von Anyang), Peking 1929.

Doré, H., *Recherches sur les superstitions en Chine,* 18 Bde., Zi ka wei, 1911–1938.

ders., *Manuel des superstitions chinoises,* Zi ka wei, 1926.
Durkheim Emile, *Les formes élémentaires de la vie religieuse,* PUF, Paris 1979.
Eberhard Wolfram, *Chinese Festivals,* New York, 1952.
ders., *The Local Cultures of South and East China,* übers. von Alice Eberhard, Leiden 1968.
Eliade Mircea, *Schamanismus und archaische Ekstasetechnik.* Zürich, Stuttgart 1957. (Originaltitel: *Le chamanisme et les techniques archaiques de l'extase,* Paris 1959).
ders., *Traité d'histoire des religions,* Paris, Payot, 1986.
Elisseef V., »Le paléolithique de l'Asie nord orientale«, in *L'homme avant l'écriture,* Paris 1959.
Fan ye, *Hou Han shu* (Geschichte der Späteren Han), 5 Bde., Peking, Shangwu, 1959.
Fei Xiatong, »China's Multinational Family« in *China Reconstructs,* Mai–Juni 1952.
Feng Youlan, *A history of Chinese History,* übers. von Derk Bodde, 2 Bde., Princeton, New Jersey, 1952–1953.
Ferlus M., »Les langues du groupe austro-asiatique-nord«, in *Asie du Sud-Est et monde insulindien,* Bd. 5, Nr. 1, 1974.
Freud Sigmund, »Totem und Tabu.« In: *Gesammelte Werke,* Bd. IX, S. 3–194, Frankfurt a. Main 1968.
Gan Bao, *Soushenji,* Shanghai 1911, übers von R. Mathieu, 1987.
Ge Hong, *Baopu zi* (Das Buch des Meisters, der die Einfachheit umarmt).
Granet Marcel, *Danses et légendes de la Chine ancienne,* 2 Bde., Annales du Musée Guimet, PUF, Paris 1926.
ders., *Fêtes et chansons anciennes de la Chine,* Paris, 1929.
ders., *Das chinesische Denken.* Inhalt, Form und Charakter, hrsg. u. eingeleitet von Manfred Porkert, München 1963. (Originaltitel: *La pensée chinoise,* Paris, 1934).
ders., *Die chinesische Zivilisation.* Familie, Gesellschaft, Herrschaft von den Anfängen bis zur Kaiserzeit, Frankfurt a. M. 1985 (Originaltitel: *La civilisation chinoise,* Paris, 1929).
ders., *Etudes sociologiques sur la Chine,* PUF, Paris 1953.
ders., *La religion des Chinois,* Paris 1951.
Grynpas B., *Les Ecrits de Dai l'Ancien et le petit calendrier des Yia,* A. Maisonneuve, Paris 1972.
Gu Jiegang, *Gushibian* (Kritik der antiken Geschichte), 7 Bde., Hong Kong, Taiping, 1963.
Guo Muruo, *Liang Zhou Jinwenci Daxi Tulu Kaoshi,* Peking, Institut für Archäologie an der Akademie der Wissenschaften, 1958.
Guo Pu, *Mu Tianzi Zhuan* (Die Reisen des Kaisers Mu).
Guoyu, (*Propos sur les Principautés*/Über die Fürstentümer), ins

Französ. übers. von A. d'Hormon und R. Mathieu, Paris, Institut des Hautes Etudes Chinoises, 1985.
Hentze Carl, *Die Sakralbronzen und ihre Bedeutung in den frühchinesischen Kulturen. Antwerpen 1941.*
ders., *Bronzegerät, Kultbauten, Religion im ältesten China der Shang-Zeit.* Antwerpen 1951.
ders., *Objets Rituels, croyances et dieux de la Chine antique et de l'Amérique,* Antwerpen, 1936.
Ho Ting-Jui, »East Asiean Themes in Folktales of the Formosan Aborigines«, in *Asian Folklore Studies,* XXIII, S. 39–47.
Karlgren Bernhard., »Legends and Cults in Ancient China«, in: *Bulletin of the Museum of Far Eastern Antiquities,* Stockholm, Nr. 18 (1946), S. 199–365.
ders., »Some Ritual Objects of Prehistoric China«, in: *Bulletin of the Museum of Far Eastern Antiquities,* Stockholm, Nr. 14 (1942), S. 65–69.
Le Blanc C., *Huainantzu,* Hong Kong University Press, 1985.
ders., »Le mythe de Fuxi et Nügua et la tradition orale Miao«, in: *Cahiers du centre d'études de l'Asie de l'Est,* Université de Montréal, 2, 1981, S. 93–128.
ders., »A Re-Examination of the Myth of Huang Ti«, in: Normand Girardot u. John Major, *Myth and Symbol in the Chinese Tradition,* 1945.
Lemoine J., »L'Asie orientale« in *Ethnologie régionale,* J. Poirier, S. 425–980.
Leroi-Gourhan A., *Le geste et la parole,* Albin Michel, Paris, 1965.
Lévi-Strauss Claude, *Strukturale Anthropologie,* 2 Bde., aus dem Französ. übers. von Hans Naumann (Bd. I, 1978) und Eva Moldenhauer, Hans H. Ritter, Traugott König, (Bd. II, 1977), Frankfurt a. Main. (Originaltitel: *Anthropologie structurale,* Paris, 1974).
ders., *Le totémisme aujourd'hui,* PUF Paris, 1962, Neuauflage 1985.
ders., *La pensée sauvage,* Paris 1962.
Li Chi, *The Beginnings of Chinese Civilisation,* Seattle Univ., Washington Press, 1957.
Li Gi. Das Buch der Riten, Sitten und Gebräuche, hrsg. von Richard Wilhelm. Köln 1981. (Anm.: Diese einzige deutsche Ausgabe des *Liji* enthält nur eine Auswahl, umfassender ist die französ. Übers. von S. Couvreur.)
Liji (Buch der Riten), *Mémoires sur les bienséances et les cérémonies,* 4 Bde., Paris, Les Belles-Lettres, 1951.
Ling Shungsheng, »Ancestral Tablet and Genital Symbolism in Ancient China«, in: *Bulletin of the Institute of Ethnology,* Nr. 8, Herbst 1959, S. 39–46.
ders., »Ancestor Temple and Earth Altar among Formosan Aborigi-

nes«, in: *Bulletin of the Institute of Ethnology,* Nr. 6, Herbst 1958, S. 47–57.
Liu Wendian, *Huainan honglie jijie,* Shanghai 1923.
Lü Buwei, *Lüshi chunqiu* (Die Annalen des Herrn Lü). Vgl. hierzu: *Frühling und Herbst des Lü Bu We,* aus d. Chin. übertr. u. hrsg. von Richard Wilhelm. Köln, Düsseldorf 1971.
Maspero Henri, *La Chine antique,* Paris, Boccard, 1927.
ders., *Les religions chinoises,* Veröffentlichung des Musée Guimet, Paris, 1950.
ders., »Les légendes mythologiques dans le Chou king«, in; *Journal asiatique,* 204, 1924, S. 1–100.
ders., »La société et la religion des Chinois anciens et celles des Tai modernes«, in: *Mélanges posthumes,* 1951, S. 139–194.
Mathieu, R., »Chamanes et chamanisme en Chine ancienne«, in: *L'homme,* XXVII (1), S. 10–34.
ders., *Etude sur la mythologie et l'ethnologie de la Chine ancienne,* 22 Bde., Bd. 1 u. 2, Paris, Institut des Hautes Etudes chinoises, 1983.
Mauss, M., *Sociologie et anthropologie,* PUF, Paris, 1960.
Mead Margaret, *Mœurs et sexualité en Océanie,* Paris, Plon, 1963.
Morgan, E., »Sacrifices in Ancient China«, in: *Journal of the North China Branch of the Royal Asiatic Society,* Nr. 70, S. 30–36.
Ngo Van Xuyet, *Divination, magie et politique de la Chine ancienne,* PUF, Paris, 1976.
Paul David M., *Arts et styles de la Chine,* Reihe: *Arts, Styles et Technique,* Larousse, Paris, 1951.
Qui Pu, *The Oroqens, China's nomadic hunters,* Peking, 1983.
Robinet I., *Méditation taoïste,* Dervy Livres, 1979.
Sapir E., *Anthropologie,* Ed. de Minuit, Paris, 1967.
Saussure L. de, »Le cycle des douze animaux et le symbolisme cosmologique des Chinois«, in: *Journal asiatique,* Reihe 15, S. 55–58.
Schipper, K., »Comment on crée un lieu saint«, in: *Etudes chinoises,* Bd. 4, 11.
ders., *Le corps taoiste,* Paris, Fayard, 1982.
Shanhaijing (Buch der Berge und Meere), ins Französ. übers. von R. Mathieu, Paris, Institut des Hautes Etudes chinoises, 22 Bde., Bd. 1 u. 2, Paris 1983.
Shenyijing (Buch der Geister und der Wunder).
Shijing (Buch der Lieder), ins Französ. übers. von S. Couvreur, Hokin fou, 1986. Vgl. *Altchinesische Hymnen aus dem »Buch der Lieder« und den »Gesängen von Ch'u«,* übertragen und erläutert von Peter Weber-Schäfer. Köln 1967. Und *Schi-king. Das kanonische Liederbuch der Chinesen.* Aus dem Chin. übers. und erklärt von Victor von Strauß. Heidelberg, 1880.
Speiser Werner, China, Geist und Gesellschaft. Baden-Baden 1959.

Tu Erwei J., »The Harvest Ritual of the Paiwan Tribe«, in: *Revue d'anthropologie et d'ethnologie de l'université de Taiwan,* Nr. 35 u. 36, 1974.
ders., »Some Tales and Myths of the Paiwan«, a.a.O.
Vandermeersch L., *Wangdao ou la vie royale,* Ecole française d'Extrême Orient, Paris, 1977.
Wang Ningsheng, »Rock Paintings in Yunnan, China«, in: *Expedition,* Bd. 27, Nr. 1, 1985.
Weber-Schäfer Peter (Übers. u. Hrsg.),*Altchinesische Hymnen*, siehe: *Shijing* (Buch der Lieder).
Wilhelm Richard (Hrsg. u. Übers.), *Li Gi. Das Buch der Riten, Sitten und Gebräuche.* Siehe: *Li Gi.*
ders., (Übers. u. Hrsg.), *I Ging, Das Buch der Wandlungen,* Köln 1956.
Wu Hung, »The Earliest Pictorial Representations of Ape Tales«, *T'oung pao,* LXXIII, 1987.
Xia Nai, *Nouvelles découvertes archéologiques en Chine.*
Ying Shao, *Fengsu Tongyi* (Traditionen und Volksbräuche).
Yuan Dexing, »Names and Totems«, in *Echo Magazine,* Taipeh, Dez. 1974, S. 34–41.
Zheng Chantal, *Coutumes des Lukai, un peuple aborigène du sud de Taiwan,* in: Encres de Chine, No. 6, Sept. 1987, S. 42–44.
Zhushu jinian (Bambusannalen).

Verzeichnis der Karten

Nachweis der Abbildungen

Kapitel I

1 Claude Estier, *L'histoire de la Chine en mille images*, Cercle européen du livre, 1966.
6 Chen Quilu, *Material Culture of Formosan Aborigines.*
7–8 Wang Ningsheng, *Rock Paintings in Yunnan.*
9–14, 16–17 Chen Quilu.
15 Li Chi, *The Beginnings of Chinese Civilisation*, Seattle, University of Washington Press, 1957.
18–20 Wang Ningsheng.

Kapitel II

1, 3, 4, 5, 7, 8 Fotos C. Zheng.
6 Zeichnung A. Brouquier.
21–25 Chen Quilu.
26 Kaoku, 1963, Nr. 9.
27 Chijiiwa S., *A Study of Formosan Aboriginal Houses*, 1937.

Kapitel III

28–32 Hu Tingjui.
29 Yuan Dexing, *Names and Totems.*
33 M. Hallade, *La Chine.*
35–38 Chen Quilu.
43–45 Chen Quilu.

Register